¡MIEDO,
¿YO?

Bertha Weatherston de Sampér

¿MIEDO, ¿YO?

Claves para reconocer y superar tus temores

PANORAMA

superación

¿Miedo, yo?
Bertha Weatherston de Sampér

Primera edición: Producciones Sin Sentido Común, 2020

D. R. © 2020, Producciones Sin Sentido Común, S. A. de C. V.
  Pleamares 54,
  colonia Las Águilas,
  01710, Ciudad de México

Teléfono: 55 55 54 70 30
e-mail: ventas@panoramaed.com.mx
www.panoramaed.com.mx

Fotografía portada © maxicam, usada para la licencia de Shutterstock.com

ISBN: 978-607-8469-36-9

Impreso en México

Índice

Prefacio

Bendito y amado compañero de viaje:

Deseo compartirte en este libro algunas de las cosas que he aprendido en mi caminar por esta maravillosa escuela llamada vida; espero que te sean tan útiles como las han sido para mí.

Todos anhelamos ser felices, pero esto no será posible hasta que haya paz en nuestros corazones.

Te invito a que me acompañes a aprender ¿qué es el miedo?, ¿por qué nos afecta tanto?, y ¿cómo podemos manejarlo?

¿Miedo, yo?

Vivimos inmersos en tantos miedos que ni siquiera lo percibimos.

Si le preguntas a cualquier persona si le tiene miedo a algo, seguramente te contestará, después de pensarlo unos segundos: "No, la verdad no le tengo miedo a nada. Quizás a los aviones, pero de ahí en fuera a nada". Ahora te pido que te hagas la misma pregunta y lo reflexiones. ¿Qué es lo que contestas? Es posible, si eres muy honesto contigo, que menciones una o dos cosas. ¿Me equivoco? Hace muchos años yo me hice la misma pregunta y mi respuesta fue: "¿Miedo, yo? ¿A quién o a qué?"

Con frecuencia ocultamos nuestras emociones porque tememos que los demás descubran cuán vulnerables somos, y aprendemos a ponernos muchos disfraces porque les tenemos miedo a los cambios, las carencias, el que nuestras relaciones no funcionen como nosotros queremos, las enfermedades, los rechazos, el decir *no*, el no tener el control de todo, el que determinadas personas se vayan de nuestro lado, el no tener dinero, el desempleo, el que todo siga igual y no mejore, el que los demás manipulen, el perder el reconocimiento de los demás... a muchísimas cosas más y, lo más triste, nos da miedo hasta demostrar nuestro amor.

Al ignorar nuestros miedos, no podemos hacer nada para superarlos. Sólo nos damos cuenta de que hay muchas cosas que nos hacen sufrir, y esto se debe a que cada uno de nosotros percibe una visión de la vida muy diferente; en realidad continuamente estamos interpretando todo. En cuanto al miedo, la mayoría de nuestros problemas es producto de nuestra imaginación desenfrenada, por lo que no sabemos cómo buscar soluciones.

Permítanme compartirles algo: hace 20 años, cuando conocí a mi maestro y guía espiritual, en cierta ocasión le dije que me daba mucho miedo la oscuridad y me contestó: "Cuando llegues a tu casa, vas a encerrarte en una habitación oscura para que veas que no pasa nada". Una vez que estuve en mi casa, con todo el horror de mi vida, lo hice; al principio quería salir corriendo, pero en cuanto se fue estabilizando mi respiración me fui sintiendo mejor, hasta que después de un rato me di cuenta de que, de verdad, no pasaba nada. Esto, más que cualquier otra persona, lo agradeció mucho mi esposo, pues en cuanto oscurecía y me encontraba sola en mi casa, yo encendía los 82 focos en ésta, lo cual incrementaba el consumo de energía eléctrica. De no haberle comentado a mi maestro eso, seguramente seguiría experimentando el miedo a la oscuridad.

Nuestros miedos en su mayoría son aprendidos en la niñez, como la culpa, la vergüenza, el resentimiento, la crítica, etcétera. Si crecimos al lado de personas que no sabían vivir sin sufrir, seguramente tenemos diplomas de excelencia porque fuimos estudiantes modelo; aprendimos muy bien a no ser felices, y todo esto con el tiempo siempre nos pasa factura por medio de la salud, finanzas, relaciones dolorosas y *accidentes* o *casualidades* que nos lastiman.

El miedo lo origina la ausencia de comprensión sobre determinados eventos, lugares y personas. Éste puede ser causado por algo real o imaginario.

Es importante señalar que el miedo y el susto no son lo mismo. El susto siempre es causado por algo físico, por ejemplo: cuando vamos manejando en la calle y escuchamos que alguien frena rápido, nos asustamos. Si estamos distraídos o haciendo algo y vemos pasar un ratón, también nos espantamos.

Con frecuencia y con buena intención, las personas que nos quieren suelen decir: "No hay nada qué temer, de verdad, se me hace que es sólo tu imaginación". El miedo es real y hay que reconocerlo para poder vencerlo.

Indicadores del miedo

A continuación te menciono algunos de los indicadores más frecuentes del miedo:

- Nos ponemos tensos.
- Palidecemos.
- Se nos seca la boca.
- Nos paralizamos.
- Queremos huir.
- Nos sentimos nerviosos.
- Taquicardia.
- Nos tiembla la voz.
- Nuestras manos se enfrían.
- Sudamos frío.
- Carecemos de fe.

Esto se debe a que nos sentimos muy inseguros sobre nuestras capacidades y a que vivimos constantemente en el futuro, imaginando tragedias que la mayoría de las veces no suceden, por lo que la confianza que debemos tener en nosotros mismos desaparece.

> Repite: "Ahora la luz y la sabiduría del Padre se hacen en mí. Amén".

Aprende a conocer las soluciones

Recordemos que nadie puede arreglar lo que no conoce.

Hay que anticiparnos a determinar qué es lo peor que puede pasar y analizarlo. No paralizarnos por el miedo, en vez de buscar el lado positivo de todo.

Para aprender a diferenciar en qué situaciones podemos hacer algo y en cuáles no, te sugiero que tengas siempre a la vista la oración de san Francisco de Asís:

Señor, concédeme serenidad
para aceptar las cosas que no puedo cambiar,
valor para cambiar lo que sí puedo cambiar
y sabiduría para distinguir la diferencia.

Memoriza esta hermosa oración para que la uses cuando más la necesites.

Una cosa que siempre podemos hacer es controlar nuestra manera de reaccionar.

Nuestros miedos nos hacen vivir atormentados por lo que va a pasar mañana, y lo que tenemos hoy no lo disfrutamos. Hay muchas cosas que nos dan miedo y no nos permiten crecer, por lo que diariamente debemos enfrentarnos al desafío de realizarlas para no estancarnos.

Una de las peores cárceles del ser humano es el miedo, por eso es importante afrontarlo.

Repite: "Ahora la luz y la sabiduría del Padre se hacen en mí. Amén".

Me hago cargo de mi vida

Si ya hemos decidido hacernos cargo de nuestra vida, hay que cuestionarnos si vale la pena seguir permitiendo que aún nos controlen los miedos y afecten nuestra libertad.

Debemos recordar que los miedos son aprendidos. Date cuenta de cuáles son tus miedos y, por favor, no repitas: "Es que todo el mundo le tiene miedo a equis cosa", ya que, como decían las abuelitas, ése es consuelo de tontos.

En alguna ocasión, una alumna comentó que iba a celebrar su cumpleaños en su hermoso jardín; que toda la semana no había dormido bien y que hasta colitis tenía por el miedo de que ese día fuera a llover y, por tanto, tuviera que cancelar su evento. Le pregunté si ella tenía el poder de hacer que ese día no lloviera; contestó que no, entonces le sugerí que buscara alternativas, como alquilar tiendas de lona, hacerlo dentro de su casa o en algún restaurante, pues era muy injusto que estuviera enfermándose por algo que no dependía de ella.

Aunque sintamos los miedos, éstos no forman parte de nosotros. Cuando experimentes alguno, reconócelo y trabaja en él pensando primero: ¿Tengo el poder de cambiarlo o no? Si tu respuesta es afirmativa, te hará actuar; si no, te moverá a hablarle a Dios para pedirle que te conceda sabiduría, inteligencia, fuerza, poder, voluntad y fe para tomar decisiones sabias en todas las áreas de tu vida.

Para combatir el miedo y aumentar la confianza en nosotros, no hay nada mejor que la acción. Recuerda que cuando tenemos la costumbre de posponer los actos, el temor aumenta. La acción fortalece tu confianza; por tanto, hay que actuar.

> Repite: "Ahora la luz y la sabiduría del Padre se hacen en mí. Amén".

La acción
vence al miedo

Cualquier tipo de acción vence al miedo. Esto debemos aprenderlo. Como dice el sabio dicho popular: "Mata más una duda que un desengaño". Hay ocasiones en que hasta hacer una llamada telefónica nos da miedo. Mientras más tardemos en hacerla, más vamos a sufrir.

Queremos pedir un aumento de sueldo y nos da miedo hacerlo, por lo que pasamos días y noches ensayando cómo lo vamos a decir, y en ocasiones es tanto nuestro temor que optamos por posponerlo de forma indefinida.

Una alumna tenía dolores en el abdomen, pero le tenía tanto miedo a las cirugías que constantemente posponía la cita con el ginecólogo, pues decía que no quería que el médico le dijera que era necesario operarla. Yo le sugería que fuera, ya que lo más seguro era que no tuviera algo que requiriera una cirugía; además con esa actitud ella estaba permitiendo que el miedo fuera tan grande que de verdad podría causarse una enfermedad grave. Cuando lo hizo me comentó que efectivamente resultó ser algo muy sencillo que no requería cirugía, sino medicamentos.

Ninguna acción se pone en marcha por sí misma. Si deseamos licuar algo, tenemos que ponerlo en la licuadora y hacerla funcionar. Si deseamos bañarnos en la regadera, tenemos que abrir las llaves de agua fría y caliente. Si deseamos que nuestro auto camine, tenemos que encenderlo. Estos mismos principios se aplican para emprender cualquier acción.

Permítanme compartirles algo. A mí no me gusta hacer las camas; sin embargo, me encantan todos los quehaceres que se relacionan con el agua, como lavar platos y vasijas. En cierta ocasión que me quedé a dormir en la casa de mi hermana, observé que ella en cuanto se levantaba quitaba sábanas y cobijas, las sacudía y después tendía la cama. Yo le pregunté que cómo se había acostumbrado a hacerlo así y me contestó que a ella no le gustaba hacer las camas, por lo que había optado por llevarlo a cabo así, ya que enseguida se bañaba y cuando salía su cama ya estaba hecha. Fue un hábito que adquirí y, créanme, es una maravilla. Te sugiero que lo que menos te guste hacer, pero forme parte de tus obligaciones, lo hagas antes que lo demás.

Haz una lista de las cosas que tienes pendientes por hacer. ¿Por qué hacerlo por escrito? Porque cuando nada más lo pensamos es muy subjetivo y cuando lo escribimos, lo recordamos y así es más objetivo.

¿Cuál es la palabra mágica para tener éxito?, es *ahora*. *Mañana, más tarde, después* equivalen a *nunca*. ¿Cuántos de nuestros sueños han quedado sólo en eso?, porque pensamos: "Después los empiezo", en vez de decir: "El momento de empezar es ahora".

No dejes para mañana lo que puedes hacer hoy.
Benjamin Franklin

Hace muchos años tenía un amigo que siempre decía: "Es muy feo arrepentirte de lo que hiciste en el pasado, pero es más feo arrepentirte de lo que no hiciste". Cuántas veces hemos pensado: "¿Si hubiera dicho...?", "¿Si hubiera hecho...?", "¿Si hubiera tenido valor...?", "No existía nada que me lo impidiera, ¿por qué no lo hice?" Siempre que nos demos cuenta de que estamos dándole vueltas a estos pensamientos, cambiémoslos. Es de necios estarnos lastimando por algo que ya no podemos modificar. Para que en un futuro no tengamos que lamentarnos de las decisiones que no tomamos ahora, hay que "tomar al toro por los cuernos" cuando sea necesario, tener presente que *no* tomar decisiones también es una elección.

Siempre que pensamos *ahora* vamos por el camino de la realización. Pensar *después* o *pasado mañana*, es decir, postergar la acción nos acerca al fracaso, pues intensifica el miedo y destruye nuestra confianza.

Hay personas que le temen tanto a los demás que cuando asisten a alguna conferencia y son de los primeros en llegar se sientan a la mitad del salón o hasta atrás, pues es impensable para ellos sentarse adelante por miedo a que la persona que está al frente les pida su opinión. Y, por supuesto, jamás se atreven a hacer preguntas sobre algo que no están comprendiendo bien. No se preocupen por lo que los demás puedan pensar, pues por experiencia sé que en el salón hay más personas que se sienten como ustedes y también les da miedo preguntar.

Cuando yo conocí a mi maestro, mi autoestima estaba por los suelos y la confianza en mí misma era escasa, por lo que en sus clases no me atrevía a hacer preguntas y cuando llegaba a mi casa me regañaba por no haberlo hecho, pues había muchas cosas que yo no comprendía y, como nadie preguntaba, él daba por hecho que todos estaban entendiendo, hasta que un día me animé a preguntar y al salir de la clase varios compañeros se acercaron a mí y me dijeron: "Qué bueno que preguntaste porque nosotros tampoco entendíamos". A partir de entonces me convertí en la preguntona número uno de la clase.

No alimentes el hábito de postergarlo todo, repite: "Voy a comenzar ahora mismo y voy a poner toda mi energía y entusiasmo para lograrlo".

A la mayoría de nosotros en algún momento de nuestra vida nos han pedido que digamos en público cualquier cosa sencilla, pero nos da miedo, no nos podemos imaginar haciéndolo. ¿Por qué? Porque pensamos que no estamos preparados para llevarlo a cabo y por el miedo a lo que digan los demás. Si éste es el caso de alguno de ustedes, anímense a hacerlo, venzan el miedo y se darán cuenta de que no pasa nada.

Es ingenuo pensar que en algún momento todas las condiciones serán perfectas para actuar, ya que nunca lo serán. Lo que sí es posible es que se presenten algunos obstáculos que tendremos que ir resolviendo sobre la marcha.

Con frecuencia las expresiones *después*, *más tarde* o *mañana* significan *nunca*. Modifica esto repitiendo: "Ahora mismo empiezo".

Siempre que creemos y tenemos fe en algo, nuestra mente encuentra la mejor manera de hacerlo. Ten fe en ti y en todas tus potencialidades. Todos tenemos un gran potencial de florecimiento, pero no lo desarrollamos porque el miedo nos gana.

Cuando creemos que algo es difícil, también nuestra mente encuentra razones para no llevarlo a cabo. Esto se aplica a cosas tanto triviales como importantes.

No derrochemos nuestra energía pensando que todo va a cambiar sin que hagamos algo. Vivir sin miedos no es cuestión de casualidad ni de suerte. La paz y la armonía son fruto de concentrarnos en desarrollar las cualidades que son necesarias para lograrlo.

Una de las formas más efectivas para vivir con miedo es pensar siempre en el futuro. Obviamente necesitamos desarrollar planes para nuestro futuro, pero no debemos angustiarnos por él.

Cuando estamos conscientes de que dentro de nosotros existe una inteligencia infinita que es Dios, que nos indica cómo reaccionar ante las diversas situaciones que la vida nos presenta y se lo permitimos, elegimos qué pensar, hablar y sentir para vivir en paz.

Te sugiero que diariamente afirmes: "Ahora el poder creativo de Dios fluye a través de mí, para tener experiencias sanas y amorosas y para crear relaciones amorosas, dinero en abundancia y salud perfecta".

Ten presente que tus miedos siempre están en el futuro y son una ilusión, pues los sientes debido a algo que no existe, y las catástrofes que imaginas la mayoría de las veces no suceden.

¿Hasta cuándo va a durar esto? Hasta que recordemos que nosotros decidimos cómo queremos sentirnos.

Yo elijo este día sentirme bien, disfrutar de paz y armonía, cuidar mi cuerpo, ser próspero y paciente, abrirme al amor, aceptarme y amarme tal como soy ahora (con lo que me gusta y no me gusta de mí), conocer cuáles son mis derechos, hacerles saber a los demás cómo me gusta ser tratado y cuánto los amo; yo elijo hoy aprender a pensar y a hablar de lo que quiero en mi vida, a ser tolerante y paciente, a amar incondicionalmente, a ser una persona disciplinada y con voluntad...

Sin embargo, yo también puedo elegir tener miedo, sentir culpas, guardar resentimientos o sencillamente sufrir por *todo* lo que pasa afuera.

> Repite: "Ahora la luz y la sabiduría del Padre se hacen en mí. Amén".

Pregúntate
para conocerte

¿Por qué tengo la tendencia a magnificar los problemas que se me presentan, en vez de darles su justa dimensión? ¿Por qué derrocho tanta energía en angustias inútiles, cuando sé que al final todo se resuelve? ¿Cuántos momentos felices le he restado a mi vida por no aprender a vivir en el presente?

¿Por qué sigo enganchándome a todo lo que me hace sufrir? Por ejemplo, si alguien me comenta: "Tú no sabes combinar tu ropa", agárrense, porque a como dé lugar insisto en convencer a esa persona de que no es verdad, pero lo más triste es que pasan los días y sigo recordando el evento con mucho coraje, además enfermando mi cuerpo.

¿Por qué personalizo todo lo que me dicen los demás? Por ejemplo, si me comentan: "Todas las mujeres son manipuladoras", entonces brinco como chapulín para defendernos.

Dicen que santa Teresa de Ávila le daba las gracias al Padre por haberla iluminado y enseñado a *desidentificarse* de todo. Es decir, que ella aprendió que no debe de ser importante para nosotros lo que piensen los demás, sino cómo nos vemos a nosotros mismos. Recordemos que no estamos aquí para llenar las expectativas de nadie y obviamente los demás tampoco para cumplir las nuestras.

Yo hago lo mío y tú haces lo tuyo.
No estoy en este mundo
para llenar tus expectativas.
Y tú no estás en este mundo
para llenar las mías.
Tú eres tú y yo soy yo.
Y si por casualidad nos encontramos,
será hermoso.
Si no, no puede remediarse.

Fritz Perls

Existen personas que no tienen el menor control sobre lo que piensan, hablan y hacen; sus emociones se disparan si están tristes o contentas; lloran por todo o estallan de coraje. Debemos aprender el autocontrol no importa la edad que tengamos, ya que eso nos garantiza llevarnos mejor con los demás, estar más sanos y ser felices.

Concéntrate en enseñarle a tus hijos *autocontrol* antes de educarlos para ser exitosos, sanos y felices.

Doctor Baumeister

Repite: "Ahora la luz y la sabiduría del Padre se hacen en mí. Amén".

¿Hasta cuándo?

¿Cuánto tiempo nos falta para aceptar a los demás como son? ¿Hasta cuándo vamos a comprender que cada uno de nosotros es perfecto como tal? Pues somos la suma de nuestros procesos mentales, que están compuestos por nuestro pasado, experiencias, cultura, religión, valores y expectativas. Nuestras reacciones, lo que vemos y escuchamos lo calificamos de bueno o malo, correcto o incorrecto, de acuerdo con lo que nos dice nuestra programación.

Hasta cuándo antes de hacer juicios nos preguntaremos: "¿Cómo habrá sido la niñez de esa persona?, ¿habrá sido amado de niño?, ¿a qué le tendría miedo?, ¿cuántas heridas trae abiertas?"

El que nos cuestionemos: "¿Lo que voy a hacer o a decir me van a llevar al amor o al conflicto?" es una señal inequívoca de que estamos avanzando.

Te recuerdo el poder de algunas palabras y frases mediante los siguientes ejemplos:

Palabras o frases que nos dan poder	Palabras o frases que nos debilitan
Podría.	Debería.
Es algo que voy a aprender.	Es muy desgastante.

La vida es un regalo y una aventura.	La vida es una lucha constante.
La vida está llena de oportunidades.	La vida es un problema.
El dinero no me rinde.	Yo siempre tengo dinero.

La palabra *problema* por sí misma es negativa. La palabra *oportunidad* nos invita al crecimiento. Cuando aprendemos a ver los obstáculos como oportunidades, nuestro poder se fortalece y en automático tenemos una mayor capacidad para manejar mejor lo que se presente.

Hay personas a las que la sola palabra *crisis* les da terror, porque tienen miedo de que altere y afecte su vida y se cuestionan los motivos: "¿Por qué Dios me manda esto?, ¿por qué yo?" No se dan cuenta de que las crisis son necesarias para hacer los cambios en nuestras vidas que de otra manera no haríamos.

Están pasando en la televisión algunos anuncios publicitarios en los que diferentes actores hablan de la *famosa crisis*. Sin lugar a dudas, esto fue hecho por personas de buena fe, pero son nefastos, pues en lugar de suavizar la palabra *crisis* la magnifican y, como sabemos, todo lo que hablamos y pensamos lo atraemos. Así que, bendito compañero de viaje, te invito a que siempre que veas esos anuncios publicitarios o escuches que se está hablando de la crisis, mentalmente repitas: "Lo cancelo, lo rechazo para ti, para mí y para toda la humanidad. Vivimos en un universo de abundancia y prosperidad. Amén". Hacer esto tan sencillo seguramente va a generar un eco y todos seremos beneficiados. Te pido que, si lo consideras prudente, lo compartas con quien esté en la misma sintonía que tú.

Recuerdo que una querida amiga y compañera de viaje me comentó: "Dice mi papá que hemos pasado por muchas crisis económicas, que siempre salimos adelante y que no hay crisis que aguante 10 horas de trabajo diario". Esto es muy cierto.

En una ocasión le hicieron una entrevista al cantante José José sobre su libro autobiográfico. Su manera de ver la vida es la de una persona madura, pues comentó que todo lo que le había pasado era para que él creciera, para que aprendiera y que detrás de lo que nos pasa sólo hay infinito bien, ya que lo malo no existe sino que es aprendizaje. Esa sabiduría es fruto de un dolor trascendido, de grandes cambios internos, de disciplina, paciencia, amor a sí mismo, fuerza de voluntad y fe. Comentó que desde hace poco tiempo cuando alguien le pide algo ha comenzado a decir: "Sí quiero" o "No quiero", porque antes no sabía hacerlo y todo el mundo manejaba su vida. Todos los que nos encontramos en el sendero de los cambios sabemos el trabajo que esto implica.

Hay algunos personajes de posición socioeconómica elevada que han sufrido el secuestro de alguno de sus familiares; esto los ha llevado a ser personas que por medio de la televisión denuncian las fallas que hay en las investigaciones. Es gracias a estas personas que se están haciendo algunos cambios importantes en todo lo relacionado con la investigación y captura de los delincuentes que participan en secuestros y crímenes.

Recordemos que gracias a las crisis por las que atravesamos buscamos nuevas formas de vivir, las cuales nos conducen al descubrimiento de cascadas de conocimientos, que siempre han estado ahí pero que nosotros no veíamos; se empiezan a descorrer muchos velos y así podemos ver todo con más claridad. Si en nuestra vida todo fuera *viento en popa*, ¿qué buscaríamos?, y ¿con qué objeto querríamos cambiarla? El objetivo de las crisis *siempre* es el aprendizaje; ojalá que ahora ya lo entendamos así; de lo contrario, esperemos que sea a corto plazo.

> Repite: "Ahora la luz y la sabiduría del Padre
> se hacen en mí. Amén".

Nuestro bendito cuerpo

En el momento en que nacemos se nos regala nuestro maravilloso cuerpo y desde ese instante recibimos la gran misión de honrarlo como algo que la naturaleza nos da. Mas, ¿cómo forjamos esta honra? Llevando una vida sana y sin prácticas destructivas para éste.

Cuidemos nuestro cuerpo, ya que es el instrumento perfecto para ejercer nuestra misión suprema, que es la de crear, como el Padre. *Nuestro cuerpo es un templo viviente para amar a Dios en espíritu y en verdad*.

Es importante darle el descanso que necesita. Siempre que alguien me comenta que se siente muy cansado, le contesto: "Hazle caso a tu cuerpo, pues el descanso no es sólo para los músculos, sino para que algunas funciones químicas y mentales se lleven a cabo". Hay ocasiones en que nos sentimos estresados a causa de que no nos permitimos descansar adecuadamente, lo que a la larga provoca baja energía, enfermedades y desequilibrio emocional.

Son nuestros hábitos diarios los que determinan nuestra salud o enfermedad.

Algunas culturas antiguas decían que el cuerpo es el primer regalo que nos hace la Madre Tierra y el último que entregamos cuando partimos a otro plano.

Seamos dueños de nuestro cuerpo si deseamos tener equilibrio mental, ya que éste debe ir de la mano con el corporal.

Dicen que el hombre intoxicado siente y ve a través de sus toxinas y esto es verdad, ya que cuando nos enfermamos y nos dejamos abatir por los padecimientos, confundimos nuestra mente, dando entrada a la depresión.

Ésta última provoca que bajen las defensas naturales del cuerpo, lo que ocasionará que incluso un simple resfriado se complique hasta en una neumonía.

Para ayudar a que la sangre circule por todo el cuerpo es recomendable darse baños de agua fría, sobre todo en las mañanas. También es saludable frotar todo el cuerpo con la palma de las manos o con un guante suave.

> Repite: "Ahora la luz y la sabiduría del Padre se hacen en mí. Amén".

La violencia nace del miedo

No existe una sola calamidad que no sea originada por el miedo. La ensoñación en que vivimos y el miedo son la raíz de la violencia. Una persona que no es agresiva no tiene miedo. Nosotros nos enojamos cuando tenemos miedo. Trata de recordar la última vez que te enojaste; ahora pregúntate: "¿Qué temía que me fueran a quitar o qué temía perder?" Ahí nació la violencia.

La mayoría de las veces tememos no tener el control de ciertas cosas o que los demás piensen que perdimos la batalla. Intenta recordar alguna persona violenta y date cuenta de que tiene mucho miedo. Lo que pasa es que teme tanto que, como mecanismo de defensa, se pone violenta.

> Repite: "Ahora la luz y la sabiduría del Padre se hacen en mí. Amén".

Aprende
a controlar tu ira

Hay personas que se enojan de cualquier cosa, incluso hasta se les pone la cara roja de la ira o palidecen, y algunas hasta aprietan los puños y la barbilla les tiembla. Ignoran que al hacerlo aumenta el peligro de que se presente un ataque cardiaco, por lo que es importante que se pregunten qué pueden hacer para cambiar sus reacciones. Los especialistas opinan que hay que aprender a manejar nuestras emociones y hacerles saber a los demás nuestro disgusto de una manera adecuada, ya que esto mejora notablemente la presión arterial, así como el estado de salud en general.

Cuando la ira entra por la ventana, la vida nos rodea de enemigos. Dicen por ahí que *el que se enoja pierde* y es verdad. Aprender a ignorar los chismes requiere de mucho trabajo interior; a las lenguas viperinas les fascina encontrar personas iracundas.

Es común que escuchemos: "Estábamos discutiendo fulano de tal y yo, y yo gané". Nuevamente les comento, ¿saben qué?, no ganaron nada, pues lastimaron la relación.

Por lo general nos negamos a aceptar que la otra persona está bien, porque está viendo a través de sus filtros. Pensar que no hay mala fe detrás de lo que los otros dicen no es fácil; sin embargo, seguramente lo hacen por ignorancia o poca evolución espiritual. Cuando hablo sobre este tema en mis cursos inmediatamente alguien dice: "Sí se dan cuenta y lo hacen para herir a uno", pero no es así. Ellos ven las cosas de manera diferente a como las vemos nosotros, pero la ira no nos permite aceptarlo, entonces agredimos y la situación se complica más.

Es frecuente que alguna de nuestras expectativas fracase cuando sucede algo así. Hay que hacer una revisión para darnos cuenta de qué es lo que esperamos de los demás y recordar que siempre que tengamos expectativas de cómo deben ser las otras personas con nosotros viviremos muy desilusionados, ya que nadie está aquí para cubrir los anhelos de los demás. Cuando te sorprendas pensando: "Esto debe ser así", "Lo correcto es...", "Eso no está bien", "Fulano debería ser...", etcétera, date cuenta de que tus exigencias sobre lo que *crees* que es correcto o no, malo o bueno, sólo te van a causar dolor, así que renuncia ahora a cualquier exigencia que tengas sobre los demás.

Si permitimos que la ira nos manipule, esto es una muestra clara de nuestra falta de madurez. Sólo la tolerancia acepta de manera consciente la intolerancia de los demás. Lo anterior en ningún momento quiere decir que permitamos abusos, esto nos debe quedar muy claro.

No hay mejor defensa que una frase de asertividad educada, como contestar: "¿Te parece?" "¿Tú crees?" o simplemente "Tienes razón". Ahí se acaba la discusión, ya que de otra manera si nos enojamos, nos amargamos; por tanto, lo mejor que podemos hacer es ignorar la situación.

Hay ocasiones en que la ira es tan fuerte que en vez de alejarnos de la persona, nos ata a ella. La ira nos ciega y nos hace creer que tenemos la razón e intentamos controlar a los demás; es decir, pensamos: "Yo tengo la razón, tú no".

Si alguien se expresa mal de ti, no lo tomes en cuenta, deja que mienta. Tener esta actitud no es fácil y requiere de mucho entrenamiento, pero vale la pena hacerlo pues recordemos que no tenemos por qué regalarles a los demás el poder de hacernos discutir y enojar. Un alumno decía: "Yo no le doy a ningún ca... el poder de hacerme enojar".

Manejar la ira y a ser positivos es algo que se aprende y se va perfeccionando con la práctica. Reprimir la ira nos puede provocar una depresión, pero tampoco es necesario dejarla salir lastimando a todo mundo.

Hay que preguntarnos siempre: "¿Qué es con exactitud lo que más me molestó de este evento?"

Por otra parte, el problema no es precisamente la ira, sino cómo reacciono. Eventualmente alguien me pregunta: "¿Qué es la asertividad?" Ésta nos permite hacer valer nuestros derechos, sin enojarnos y sin agredir. Llevar a cabo la asertividad no se da de un día para otro; como cualquier otro hábito, requiere de mucha práctica, pero vale la pena porque, además, mejora notablemente nuestra autoestima. Si la otra persona no entiende de razones y se pone violenta o grita, no intentes convencerla, ya que se pondrá peor.

Hay que aprender de las experiencias dolorosas para que nos impulsen al crecimiento. Recordemos que en la mayoría de los conflictos uno quiere dominar al otro. La autoestima juega un papel muy importante en esto, ya que a menor autoestima, mayor será el conflicto. Nuevamente recordemos que los demás tienen todo el derecho de pensar lo que quieran de nosotros. Aquí lo importante no es cómo me ven los otros, sino cómo me veo yo.

Si a los niños se les dice que es *malo* expresar su ira, que *no es correcto* sentirla, cuando sean adultos no la sabrán manejar de forma apropiada y sufrirán las consecuencias. Ya he comentado que cualquier emoción forma parte de nosotros, por lo que debemos honrarlas, no reprimirlas ni ignorarlas. Cuando a los niños se les permite manifestar su ira y los guiamos para que lo hagan de forma adecuada, aprenden a ser asertivos y a decir *no* sin miedo.

En todas las familias hay alguna o varias personas que todo lo quieren controlar y tener siempre la razón. Si éste es tu caso, no discutas con ellas y sigue tu camino en paz. No escuches a quien dice que para que uno gane, el otro debe perder. Eso no es verdad. Cuando se trata de personas conocidas o de amigos la solución es muy sencilla, pues nos alejamos de ellos y se acaba el problema, pero cuando es alguien de la familia tenemos que aprender a aceptarlo tal como es, con lo que nos gusta y nos molesta de ese familiar. Sin embargo, no esperemos a que ellos imiten nuestra actitud indulgente, tampoco a que cambien o traten de entender nuestro punto de vista. Cuando los aceptamos incondicionalmente, no esperamos a que se disculpen para perdonarlos.

Hace muchos años vi la película *Historia de amor* con Ryan O'Neal; en una escena se menciona lo siguiente: "Amar es nunca tener que pedir perdón". Me llevó muchos años comprender esta frase, pero efectivamente el amor es así. "¿Te voy a pedir perdón por ser un niño que está aprendiendo a vivir; por tener baja mi autoestima; porque aún no sé que todo lo que te hago se me va a regresar; porque de más pequeño una programación porque soy una extensión de Dios y porque soy el amor de Dios hecho carne?" En fin, la lista es interminable, sintetizándola diríamos: "¿Te voy a pedir perdón por desconocer?"

Cuando tengas fricciones con los demás, repite: "Si renuncio a mis expectativas, todo estará bien". También puedes decir lo siguiente cuando te des cuenta de que estás perdiendo tu valiosa armonía: "Nada puede alterar mi paz interior". Y cuando sientas que estás empezando a angustiarte por algo, expresa: "Esto también pasará, es sólo un proceso de aprendizaje", o "Todo es pasajero y no se mantendrá".

Lo que haces está determinado
por tu percepción de la situación de que se trate,
y esa percepción es errónea.
Helen Schucman y William Thetford, *Un curso de milagros*

Repite: "Ahora la luz y la sabiduría del Padre se hacen en mí. Amén".

La bendición del dolor

No es común que cuando sentimos un dolor físico que nos indica que algo no está bien en nuestro bendito cuerpo lo veamos como una bendición, pero sí lo es pues nos alerta de algún mal que debe ser atendido. Cuando sentimos dolor mental o sufrimiento también es una bendición, pues en cuanto perdemos nuestra valiosa paz se nos está sugiriendo que hay que cambiar algo, quizá nuestra manera muy particular de ver el mundo, o hacer las cosas diferentes ya sea en el pensar, hacer o hablar.

Cualquier problema por el que hemos atravesado, cuando lo vemos en retrospectiva nos damos cuenta de que fue gracias a éste que avanzamos; sólo entonces entendemos que la única manera de trascender ese sufrimiento fue experimentándolo.

También hay personas que nunca trascienden esas experiencias y se pasan toda su vida sufriendo. Ignoran que la vida nos hace exámenes y que si no aprendemos de nuestros errores, estamos condenados a repetirlos.

Si nos damos cuenta de que es por medio del sufrimiento que hemos crecido, nunca más repetiremos: "¿Por qué yo?", pues entenderemos que nada llega a nosotros por casualidad y que lo que experimentamos fue necesario para pasar a otra etapa.

Por experiencia sé que cuando atravesamos por una situación difícil que dura horas o días, es muy fácil preguntarse:

"¿Qué puedo aprender de esto?", pero cuando el evento ha durado meses, aunque nos hagamos la misma pregunta la respuesta podría ser: "La verdad no le encuentro ni pies ni cabeza". Sólo hasta que lo trascendemos decimos: "¡Ah, era esto!", llámese paciencia, fe, tolerancia, búsqueda de aprobación, etcétera.

Damos un gran paso y adoptamos una actitud madura y positiva cuando nos concentramos en lo que podemos aprender en vez de decir: "¡Estoy salado!", "No sé por qué siempre me pasan estas cosas a mí" o "Pobre de mí".

Cuando ya hemos superado algún problema, lo siguiente es preguntarnos: "¿Por qué fue tan doloroso para mí?" y "¿Qué área debo reforzar para que no me lastime tanto?"

Con frecuencia hablamos de que *cuando el alumno está listo, aparece el maestro*, y es verdad, por lo que hay que ser un buen alumno; esto significa estar preparado y abierto para aprender de todo y de todos.

Cuando tengas a quien te guíe en tu búsqueda espiritual, practica la apertura, que no quiere decir credulidad, sino que muchas veces te cuestiones si será verdad lo que te dice. Es posible que algunos conceptos que no conocías no los comprendas por el momento, pues las creencias que tenemos sobre el amor, la prosperidad, el pecado, la salud, incluso una baja autoestima, etcétera, están muy grabadas en nosotros, pero en la medida en que vamos comprendiendo todo empiezan a descorrerse muchos velos que no nos permitían ser felices ni irradiar nuestra luz y amor.

> Repite: "Ahora la luz y la sabiduría del Padre se hacen en mí. Amén".

¿Podemos prevenir las enfermedades?

Por supuesto que sí. Ahora sabemos que las enfermedades se desarrollan a partir de energías negativas que circulan por el cuerpo, y ¿cuáles son esas energías? El miedo, el resentimiento, la crítica, la culpa, etcétera.

Por eso siempre hago mucho hincapié en que cuando nos demos cuenta de que estamos perdiendo nuestra valiosa paz, hagamos un alto, nos sentemos de forma cómoda, respiremos profundo varias veces y después nos preguntemos: "¿Por qué me estoy sintiendo así?", y si no encontramos la respuesta, planteemos una pregunta diferente: "¿Qué necesito para sentirme bien?" Por experiencia sé que así llegará la respuesta de manera rápida y que en la mayoría de las ocasiones ésta se relacionará con cosas tan triviales como querer tener la razón, engancharnos a lo que nos dicen los demás, entre otras.

De manera que la precursora de una enfermedad siempre es una emoción negativa, aunque en las primeras también intervienen la herencia genética, una deficiente alimentación y la dependencia de ciertos fármacos. La enfermedad es el último grito que nos da nuestro cuerpo para indicarnos que internamente no estamos en armonía.

Recuerda: no le des el poder a nadie de sentirte bien o mal con lo que hace o dice. Ese poder sólo te corresponde a ti, así que no lo regales.

En mi libro *¿Quién soy?* hay un capítulo que dice: "¿Cuánto vale mi paz interior y mi armonía?" Si alguien nos propusiera: "Te compro tu paz interior", ¿cuánto pediríamos por ella? La verdad es que no tiene precio. Recordemos siempre esto: si mi paz interior no tiene un costo, ¿valdrá la pena que la pierda junto con mi armonía por una persona o circunstancia? Como siempre, la decisión final es nuestra.

> Repite: "Ahora la luz y la sabiduría del Padre se hacen en mí. Amén".

El poder del agua

El agua que consume el ser humano debe ser limpia y libre de contaminantes tan frecuentes en la civilización. El agua de los ríos viene originalmente enriquecida con la energía que va recogiendo de los campos por los que atraviesa y que la fortalece en muchos sentidos. El agua es uno de los mejores alimentos que el ser humano puede tomar, tanto por su contenido energético como por los procesos que dentro del cuerpo ésta efectúa. El agua limpia desintoxica, energiza, magnetiza y provee al hombre de un medio de conducción de energía limpio y excelente para que realice otros procesos superiores que debe hacer. Hago la aclaración de que en las ciudades el agua que viaja por la red de servicios municipales es muchas veces libre de contaminantes, pero pobre en energía. No daña al cuerpo, pero tampoco le da la fuerza que originalmente le proveía, por lo que el ser humano debe buscar energizar el agua enviándole pensamientos de armonía y bendición antes de consumirla.

En todo hogar debería haber un recipiente en donde continuamente se tuviera agua bendita magnetizada con los buenos deseos de los miembros de la familia y de donde ellos la bebieran. La forma de magnetizarla es tan simple como bendecirla o pedirle a Dios que la llene de toda su fuerza.

El agua posee propiedades mucho más allá de lo que el ser humano sospecha; sus capacidades apenas son reconocidas por algunas cuantas personas y la ciencia recién está iniciando una investigación para entender los fenómenos que se refieren a ella.

Cuando mis hijos aún no se casaban, yo acostumbraba bendecir un vaso de agua para que antes de recibir cualquier alimento en la mañana, tomaran por lo menos un trago de agua bendita. Lo hacia de una manera muy sencilla diciendo: "En el nombre de Dios, elemento agua, millones de veces bendito seas". Esta misma oración me gusta hacerla mientras me estoy bañando.

Te recomiendo que leas *Los mensajes ocultos del agua* de Masaru Emoto, pues ahí verás más de 100 fotografías tomadas por él que de una manera contundente y gráfica nos demuestran el poder que tienen nuestros pensamientos y palabras sobre el agua.

> Repite: "Ahora la luz y la sabiduría del Padre se hacen en mí. Amén".

La búsqueda

Una de las maneras que nos conducen a la luz, al despertar, es cuestionarnos todo lo que hemos aprendido hasta ahora.

Cuando comparamos nuestra vida externa con la interior nos damos cuenta de que el mundo material no satisface lo que nuestro ser interno espera. Y es ahí donde nacen las preguntas: "¿De dónde vengo?", "¿A dónde voy?", "¿Qué hago aquí?", "¿Qué me hace falta para ser feliz?", "¿Por qué tengo que sufrir?", "¿Existe la casualidad, la suerte y el destino?", "¿Dios querrá esto para mí?" y muchísimas preguntas más. Y es en ese glorioso momento cuando, intentando contestar esa necesidad que sentimos, iniciamos una búsqueda interior, ya sea en las religiones, en los amigos, en las escuelas filosóficas o en cualquier persona que nos ayude a contestar estas interrogantes.

Al principio no comprendemos con claridad lo que necesitamos, sólo sabemos que lo exterior no nos satisface. Sentimos que hay algo que nos llama, pero no lo podemos identificar.

Cuando creen haber encontrado quién les dé algunas respuestas a las interrogantes que se hacen, hay personas que dejan de preguntar y de crecer. Es verdad que encontramos respuestas, pero siempre surgirán nuevas preguntas. Mientras estemos en esta bendita escuela llamada vida, seguiremos aprendiendo, así que en ningún momento demos por hecho

que ya lo sabemos todo, porque no es verdad. Sigamos hacién-
donos preguntas y cuestionándonos todo.

Con el tiempo irás descubriendo ciertas verdades y más
adelante es posible que encuentres otras; esto no quiere decir
que lo que aprendimos no fuera cierto, sino que en nuestro
caminar siempre aparecerán verdades mayores.

> No hay verdades completas;
> todas son verdades a medias.
> Intentar manejarlas como verdades absolutas
> resulta perjudicial.
> Alfred North Whitehead

Todo lo de afuera, como la televisión, la familia y los amigos, nos distrae de lo que en realidad nos pide nuestro ser interno. Curiosamente nos sugieren hacer viajes, leer determinados libros, ver ciertos programas de televisión, pero nadie
nos habla de lo que en verdad anhelamos.

Una de nuestras misiones en esta escuela llamada vida es
ser felices. Los niños son maestros en enseñarnos la felicidad,
pero para variar no lo notamos. ¿Han observado cómo los niños
se enojan con otros niños y al rato se les olvida y vuelven a ju-
gar con los mismos? Cuando un niño se enoja, busca estar con-
tento, divertirse y sentirse mejor. ¡Ah!, pero nosotros los adultos
cuando nos enfadamos buscamos siempre culpables. En ocasiones aparentemente nos contentamos, pero cuidamos muy bien
de guardar los recuerdos de quienes nos han hecho sufrir para
estarlos rememorando y en un futuro pasar factura.

Hay personas que nunca son felices, se convierten en adictas a buscar la infelicidad, es decir, "andan buscando cebollitas
para llorar". Comentaba una alumna que cuando salía de viaje

a pasar unos días con algunos de sus hijos que no radicaban en Monterrey, estaba contenta por estar con ellos pero no dejaba de preocuparse por sus otros hijos que estaban en esa ciudad. Y que cuando ella estaba en casa, vivía angustiada por los hijos que residían fuera. Es decir, que nunca era feliz. Sus hijos son adultos, algunos son solteros y otros casados. La vida de ella transcurre entre la nostalgia de los buenos momentos y el miedo a lo que puede llegar a presentarse, y el presente, que es en donde podemos ser felices, lo deja ir por el resumidero.

No se trata de hacer esfuerzos para ser felices; al contrario, hay que soltarnos y tratar de ser como los niños.

> Repite: "Ahora la luz y la sabiduría del Padre se hacen en mí. Amén".

La intuición

Ocasionalmente me preguntan cómo desarrollar la intuición. Todos nacemos con ésta, pero en algunos está más desarrollada que en otros. Los primeros son las clásicas personas que siempre presienten las cosas. Y las mujeres la tenemos más desarrollada que los hombres.

Como siempre, la respuesta para todo es el amor. Mientras más nos deshacemos de los pensamientos, emociones, palabras y acciones negativos, más acceso tenemos a la intuición, pues nuestra mente no estará ocupada en cosas intrascendentes.

Pregúntale continuamente al Padre: "¿Qué hago en esta situación?" o "¿Qué digo?", así más pronto tendrás respuestas. Crea este hábito de preguntarle a Dios a cada momento qué hacer. Hazle caso a tus corazonadas y observa qué tan acertadas son.

Con mucha frecuencia por medio de sueños se me indica quién va a fallecer. De hecho sé que siempre se le avisa a algún familiar, pero, como no hemos aprendido a interpretar nuestros sueños, no lo captamos. Permítanme compartirles algo. Un mes antes de que mi hermano falleciera, soñé que yo quería encender la luz y todos los interruptores que tocaba se caían (señal inequívoca de que no había energía); después veía a mi hermano acostado en una cama, alguien me decía que estaba muerto y yo lanzaba un alarido escalofriante diciendo: "¡No, no puede ser, cómo me duele!", y me llevaba las manos al pecho del dolor que sentía. Al despertar lo consideré una pesadilla, pues mi querido hermano estaba perfectamente sano. Al mes, como a las 10 de la noche, mi sobrino nos llamó por teléfono a mi hermana y a mí para avisarnos que acababa de internar a mi hermano porque le dolía mucho el pecho. De inmediato nos fuimos al hospital en espera de lo que dijeran los doctores y ellos nos informaron que le habían dado tres resucitaciones, pero que no habían podido salvarlo.

Esto fue en marzo y mi madre ya estaba muy delicada de su corazón, por lo que el médico nos había pedido a mi hermana y a mí que no se le dieran noticias ni buenas ni malas. Mi hermano viajaba frecuentemente para impartir cursos a empresas, así que le dijimos a mi mamá que él andaba en Houston dando clases, y ella nos contestó que se le hacía muy raro que no hubiera ido para que ella le diera la bendición, pues siempre antes de salir de la ciudad lo hacía. Mi querida hermana se salió de la recámara de mamá, después salí yo y me dijo llorando: "Si supiera que venimos de enterrar a su hijo".

Ya mi madre casi no se levantaba de la cama, salvo para ir al baño. En varias ocasiones le decía a mi hermana que vivía con ella: "Yo no sé de dónde han sacado tú y *la Güera* (yo) que mi hijo anda fuera, si anoche él estuvo aquí conmigo haciéndome cariños en la cabeza y sentado en el *reposet*".

Constantemente nos decía que la comunicáramos por teléfono con mi hermano y le respondíamos que donde él se encontraba no había teléfono. Mi madre adoraba a mi hermano y me partía el alma cada que me preguntaba cuándo regresaría, pues ya tenía muchos deseos de verlo.

Una vez soñé que mi mamá estaba haciendo su maleta porque iba a viajar; esto me indicó que pronto ocurriría su partida. Y en cierta ocasión ella me dijo que una noche antes había estado mi hermano allí y le había prometido que en 90 días vendría para llevarla a una cena muy especial. Hice algunas cuentas y le comenté a mi hermana: "Mamá se va entre el 18 y el 23 de junio", y así fue: partió el 23. En tres meses se fueron mi querida madre y mi hermano.

En la Ciudad de México tengo mucha familia. Ahí un primo muy querido, que fue como mi hermano mayor, empezó con un derrame cerebral, después tuvo muchas complicaciones y terminaron amputándole una pierna; ya estaba tan mal que me comentaron que ni siquiera lo notó.

Yo soñé a principios de diciembre que él traía puesto un traje gris y se subía a un carro y se iba. Al despertar me di cuenta de que se me había avisado que mi primo iba a partir. Quince días después lo soñé con camisa y pantalón blancos, por lo que no tuve la menor duda de que ya se había ido y se encontraba en paz. Cuando me enteré de que ya había fallecido y pregunté de qué color era el traje que le habían puesto para enterrarlo, me dijeron que gris, como yo lo había soñado la primera vez. Finalmente, antes de terminar el año, mientras estaba en la cocina de mi casa, la luz estuvo parpadeando durante unos 10 minutos y supuse que era él, lo bendije y le envié todo mi amor.

Hay personas que cuando fallecen se pierden y se encuentran entre brumas; por eso siempre que una persona se va hago la siguiente oración: "En el nombre de Dios, fulano de tal (nombre y apellido), millones de veces bendito seas. Ahora Dios te da paz, armonía y felicidad y te lleva rápidamente al plano que te corresponde. Amén."

Siempre que enciendo una luz y parpadea, como yo sé que ésa es una de las maneras que los seres que amamos y que ya han partido tienen para comunicarse con nosotros, invariablemente digo: "En el nombre de Dios, espíritu que te haces presente aquí y ahora, millones de veces bendito seas y recibe todo mi amor".

Hay personas que las siento en el cuerpo; por ejemplo, cuando percibo que en la parte baja del lado derecho de mi cabeza se me paran los cabellos desde la raíz es mi hermano; si es del otro lado es mi mamá.

Tres meses antes de que mi papá partiera, yo tuve el privilegio de saber lo que sugieren que se haga y diga cuando una persona acaba de fallecer, así que pude ayudarlo mucho. Como el alma está haciendo un gran esfuerzo para despegarse del cuerpo, no es conveniente gritar: "¡No te vayas, no me dejes; quédate con nosotros!" Es inevitable que haya muchas lágrimas de dolor, pero podemos ayudarlos mucho diciéndoles:

Todo está bien, busca la luz. Este cuerpo que fue tuyo se te prestó para moverte en la Tierra; a donde vas ahora no lo necesitas. Mira a todas las personas que te están dando la bienvenida. (Mi maestro dice que así como aquí estamos muy pendientes de cuando va a nacer un bebé, también allá la gente que nos ama y conoce nos está esperando.) Tu cuerpo ya no te sirve, está muy enfermo. Ahora vas a estar en un lugar en donde todo es amor y luz. Te queremos mucho y deseamos que seas feliz. Todo estará bien aquí.

Cuando les decimos: "¡No te vayas, no me dejes", etcétera!, le estamos dando jalones para abajo al alma que quiere elevarse. Lo anterior lo digo porque es importante que sepamos qué hacer cuando lo necesitemos, para no caer del otro lado y no dejarlos partir en paz con nuestros lamentos.

Retomemos la intuición. Cuando aprendemos a amarnos, a sentirnos dignos en vez de culpables, empiezan a haber milagros en nuestra vida, pues con nuestra actitud le estamos indicando al universo que merecemos vivir en abundancia de amor, de salud, de dinero, de amigos, de belleza, de sabiduría, de creatividad, de intuición, de fe, etcétera.

Conozco a una persona, Eugenia, que es muy intuitiva y hace tiempo me comentó que estaba hambrienta de amor. Ella es una persona amorosa, pero sus pensamientos con mucha frecuencia se estacionan en lamentar lo que no tiene. No siempre recordamos que nuestra vida es un reflejo de cómo estamos por dentro. Si tenemos el mal hábito de estar pensando y hablando de lo que no queremos, no hay "vuelta de hoja", eso es lo que vamos a tener. Así funciona el universo, por lo que más vale que ya lo comprendamos, para disciplinarnos y para que aprendamos a atraer a nuestra vida lo que queremos.

En cierta ocasión, la hermana de Eugenia me comentó que estaba en tratamiento para la depresión y que cuando le hacían algún ajuste en sus medicamentos, éstos le causaban somnolencia durante el día, por lo cual muchas veces lo que menos quería era salir, pero siempre lo hacía para pasar el día con Eugenia. Y una vez que estaban viendo las dos la televisión, su hermana dio unas cabeceadas, entonces Eugenia le dijo: "Pues yo no sé a qué vienes si te estás durmiendo"; su hermana, con tal de no hacerla enojar, se quedó callada e hizo un gran esfuerzo para estar muy despierta y que Eugenia estuviera contenta.

No necesitamos enojarnos ni ser groseros para aclarar ciertas cosas, como en este caso en el que su hermana le pudo haber contestado: "Tienes razón, la próxima vez que me sienta como ahora no voy a venir y punto".

Eugenia está acostumbrada a que todo sea como ella quiere; el solo hecho de que alguien no esté de acuerdo con lo que ella piensa la transforma de inmediato y la enoja. En alguna ocasión me comentó que le habría gustado que su mamá, en su momento, la hubiera cacheteado para que aprendiera a moderar su carácter debido a que ahora no sabe controlar sus reacciones. Además, acostumbra creer que sabe cómo piensan los demás, y esto obviamente es muy desgastante para ella. Finalmente, su economía es precaria, sólo gana lo suficiente para sobrevivir; el carro que tiene es muy viejito y siempre se lamenta por no poder cambiarlo por otro más nuevo, por no salir de vacaciones, por no poder comprarse ropa, etcétera.

Cuando se atraviesa por una situación así no es fácil estar alegres, felices y contentos, por lo que tenemos que hacer un esfuerzo y practicar lo que hemos aprendido. En cierta ocasión le sugerí que trabajara mucho con su autoestima para descubrir la maravillosa persona que *ya* es, para abrir sus brazos y darle la bienvenida a una nueva vida llena de amor, de abundancia, de prosperidad, de salud, de relaciones, de creatividad, de intuición y de fe.

Siempre que experimentamos eventos dolorosos hay que hacernos la pregunta obligada: "¿Qué puedo aprender de esto?" Quizá lo que Eugenia tiene que hacer es reforzar su fe, tener presente siempre que todo es pasajero y recordar que todo lo que sucede es para que aprendamos algo, que aún no hemos hecho.

Muy cerca de mí hay unas personitas con algunas faculta-des psíquicas muy desarrolladas, entre ellas están la intuición y la premonición.

Repite: "Ahora la luz y la sabiduría del Padre se hacen en mí. Amén".

Los cuestionamientos

Hace unos días una amiga me comentó que su hermana estaba ahorrando dinero porque a la derecha del altar mayor de la iglesia adonde asistía estaban unas cajitas en donde las personas depositaban dinero para que se les concedieran indulgencias plenarias, las cuales les garantizaban que a la hora de su muerte ya tuvieran asegurado el cielo. Al respecto les repito que nadie puede vendernos un pedacito de cielo. Y el sentido común, ¿dónde quedó? Otra persona me preguntó que si es verdad que cuando nos morimos gozaremos del amor del Padre. Si ahora estamos en la Tierra es porque venimos a pasar por ciertos aprendizajes que nos ayuden a ser felices aquí, no en el cielo. Además eternamente gozamos del amor del Padre, estemos en donde estemos.

Otra persona me preguntó que si la condena eterna existía. Si somos extensiones de Dios y Él es amor, cómo vamos a creer que existe un ser llamado diablo que continuamente nos está vigilando para castigarnos. Una de las mejores maneras de sujetar las mentes de los individuos es por medio del temor. No existe una persona más manejable que una con miedo. Es muy fácil enseñar a los niños a base de miedo, pero nosotros ya estamos creciendo, ¿o no?

Siempre que me hacen preguntas sobre Dios o las religiones contesto: "Mi intención jamás será convencer a nadie de lo que yo he aprendido, ya que no son verdades absolutas". Respecto de tus preguntas: Dios no tiene religión ni habla en determinado idioma, ni cierto color de piel, ni sexo ni nacionalidad; tampoco tiene consentidos ni castiga a nadie (ya tenemos suficiente con lo que nos castigamos a nosotros mismos). Y a Dios no lo podemos ofender porque no tiene ego.

Cuando yo era niña estudié en un colegio católico y nos aseguraban que cada vez que decíamos una mentira o no estudiábamos, le enterrábamos al Maestro Jesús más fuerte la corona de espinas, cosa que obviamente nos causaba muchas culpas.

En una ocasión, vi en la televisión a una mujer que estaba dando una conferencia a padres y a familiares de niños con síndrome de Dawn y les explicaba que estos niños nacían así por problemas genéticos o por castigo de Dios. No podía dar crédito a lo que escuchaba. ¿Se imaginan cómo se sintieron estas personas, que seguramente esperaban una palabra de aliento? Ignoro quién invitó a esa señora a dar la conferencia y si ya la había escuchado antes, pues no se debe culpar a los padres que tienen hijos con discapacidades. Al contrario, hay que darles mensajes de amor, apoyo y fe. También sé que cualquier psicólogo, psiquiatra o consejero que en sus psicoterapias habla del *castigo de Dios* en ese momento deja de ser útil.

Llevo más de 20 años de haber conocido a mi bendito maestro y durante todo este tiempo jamás lo he escuchado hablar de castigos de Dios. Él siempre se mueve en espacios de amor y espiritualidad, por eso conocerlo fue un premio inmenso que me gané, pues sé que el universo no nos da nada gratis; lo que nos llega, nos guste o no, ya nos los ganamos a pulso.

Me preguntaron que si era verdad que cuando no perdonamos todo Dios nos condena al infierno. El Padre sólo es amor en su más alta manifestación y nos ama *incondicionalmente*, hagamos lo que hagamos o dejemos de hacer. Si somos niños aprendiendo a vivir, habrá cosas que nos cueste trabajo perdonar pero con el tiempo lo lograremos; por lo pronto es suficiente con intentarlo. Así que ojo con las culpas y sus floridos resultados.

En nuestro caminar descubrimos con más frecuencia que ya no necesitamos que nos digan qué hacer, tampoco someternos a ciertos rituales que prometen quitarnos, entre otras cosas, el miedo, el resentimiento, la culpa, etcétera. Obviamente tampoco tenemos que pagar para que nos vendan un pedacito de cielo.

Todo lo que está pasando fuera de nosotros, ¿no nos estará diciendo que es el momento de despertar? ¿No será que debemos dejar de hablar de miedos y empezar a hablar de amor?

En vez de hablar de crisis y escasez, hay que hablar de prosperidad, de oportunidades, de amor y de salud. Vamos a alejarnos de lo que nos roba nuestra paz; no hablemos más de miedos, sino de amor y libertad.

> Repite: "Ahora la luz y la sabiduría del Padre se hacen en mí. Amén".

¿Podemos desagraviar a Dios?

Nos rodea de un mundo maravilloso que siempre ha estado frente a nosotros y que no vemos. Quizá te preguntes: "¿Y cuál es ese mundo maravilloso?" Es experimentarte como lo que eres: una extensión de Dios; por tanto, tu linaje es real.

Debes ocupar sin dudar el lugar que te corresponde en este bendito universo; ejercer el poder que Dios te otorga para diseñar tu vida; ser las manos de Dios en esta Tierra; erradicar de tu mente todo lo que no sea amor, para que llegue a tu vida todo lo que el Padre tiene para ti.

Estamos tan dormidos que no nos hemos dado cuenta de que constantemente ocurren milagros en nuestra vida. ¿Pero cómo vamos a ver algo si estamos dormidos?

Le hemos puesto candados a nuestro corazón; lo tenemos lleno de miedos, culpas, resentimientos, etcétera, en vez de amor. Y esto nos hace infelices, pues nos negamos a experimentar el amor, que es lo que realmente somos. ¿No te parece trágico que no podamos experimentar esto último? Es como si el agua dijera: "Tengo sed", o el fuego: "Tengo frío".

Una persona me comentó que accidentalmente alguien rompió una figura de yeso que representaba al Maestro Jesús en su parroquia, y que todos estaban muy espantados y tenían miedo de que Dios los fuera a castigar, por lo que algunos feligreses se habían puesto de acuerdo para desagraviarlo, rezando un rosario durante siete días. Sin embargo, Dios no tiene ego, Él no se ofende nunca con *nada* de lo que hagamos, Él sólo es *amor incondicional*. Hay que entender esto, si no, seguirán diciéndonos que Dios se enoja si hacemos o no determinadas cosas y que además nos castiga. ¿Acaso no sabemos que la hoja de un árbol no se mueve sin la voluntad de Dios?

Pensar que tenemos el poder de ofender a Dios con algo que pensamos o hacemos es vivir de manera constante con miedos y culpas y nos mantiene viviendo en un infierno, cuestionándonos con frecuencia: "¿Habré pecado o no?", "¿Estoy ofendiendo a Dios o no?", "¿Dios me amará?"

> Repite: "Ahora la luz y la sabiduría del Padre se hacen en mí. Amén".

Date permiso

Con frecuencia me preguntan algunas personas, cuando han iniciado la búsqueda de un mejoramiento de la calidad de su vida que si es correcto negar o asfixiar las emociones negativas. Vuelvo a repetir que cualquier emoción que sentimos forma parte de nosotros, es decir, de nuestra energía, por lo que nunca debemos ignorarla; al contrario, necesitamos *experimentarla* y después *soltarla*. Por ejemplo, me doy cuenta de que están abusando de mi buena fe, por lo que no se lo permito a la otra persona. Es posible que yo haya experimentado mucha ira, pero esto no es malo ya que después me olvido del incidente y no lo recuerdo de forma constante.

Aprender a amarnos, con lo que nos gusta y no nos gusta de nosotros, no es fácil, pero hay que intentarlo con frecuencia. Y esto implica respetar todas nuestras emociones, ya que forman parte de nosotros, de manera que las honramos cuando nos permitimos experimentarlas y después las soltamos.

En resumen, *aprende a respetar todas tus emociones dándote permiso de sentirlas y después olvídate de ellas y libéralas.*

Transmitían un comercial de televisión, patrocinado por el Gobierno Federal, en donde salía un viejito en medio de un río muy caudaloso y la corriente lo estaba arrastrando. Él llevaba una caja, como de zapatos, con los recuerdos de toda su vida; finalmente la soltaba y el agua se la llevaba. Después, ya seco y con otra ropa, comentaba: "Aprende a dejar ir y sigue adelante con los tuyos. Ese día (refiriéndose al día en que la corriente del agua arrastró sus recuerdos) comprendí que la vida es más importante que cualquier cosa material". Hermoso mensaje, ¿verdad? Como siempre, el universo nos grita lo que necesitamos saber; sólo hay que estar un poco atentos.

Recordemos que cada uno de nosotros tiene el poder de construirse o destruirse y esto va a depender de qué tanto desarrolle la disciplina, la voluntad y la paciencia para observar lo que piensa, siente, habla y hace.

> Repite: "Ahora la luz y la sabiduría del Padre
> se hacen en mí. Amén".

Como es arriba es abajo

"Como es arriba es abajo. Como es adentro es afuera", dice un aforismo zen. Si tienes un jardín o algunas plantas en una maceta, seguramente sabes que cuando permitimos que las malas hierbas crezcan, desplazan a las buenas; por eso es necesario estarlas cuidando, podando y fertilizando, para que crezcan sanas y hermosas, ¿verdad? Bueno, imagina que nuestra mente es la tierra y nuestros pensamientos la planta. Debemos hacer lo mismo que hacemos con las plantas: cuidar mucho nuestros pensamientos y en cuanto detectemos que hay algunos negativos, arrancarlos de raíz para que los pensamientos positivos se manifiesten en amor, sabiduría, prosperidad y salud.

¿Observas qué fácil es aprender de la naturaleza? Todo lo que pasa afuera, como tornados, guerras y cualquier catástrofe, es un ejemplo vivo de cómo andamos todos por dentro.

> Repite: "Ahora la luz y la sabiduría del Padre se hacen en mí. Amén".

¿Y mis sueños?

Te sugiero que de vez en cuando te preguntes cuáles han sido tus sueños y qué te ha impedido alcanzarlos. Si ya lo has intentado y no lo logras, hay que cambiar los medios, pero no renuncies a ellos.

Mira a tu alrededor y observa cuántos sueños de alguien se han materializado. Todo lo que ves fue antes el sueño de alguien: las casas, los edificios, las hermosas rejas de forja, los ventanales llenos de luz, las cortinas, las persianas, los jardines diseñados, los autos, etcétera.

Conocí a una mujer a quien le detectaron cáncer cuando sus gemelitos tenían cinco años. Su esposo había fallecido un año antes en un accidente en la carretera. Los médicos que la atendían le dijeron que tenía poco tiempo de vida, pero ella no se rindió pues anhelaba ver a sus hijos crecer, estudiar y hacer una carrera universitaria.

Ella fue muy valiente, pues la sometieron a varias cirugías y después de cada una de ellas los médicos le decían: "Tiene unos meses más de vida". El cáncer en realidad nunca fue erradicado, pero el tiempo de vida que le pronosticaban sus doctores se alargó durante 18 años. Ver a sus adorados hijos recibirse, uno de abogado y el otro de químico, fue, como ella decía, el regalo más grande que Dios le había hecho. A los dos meses falleció. Su anhelo ardiente de estar presente en la graduación de sus hijos fue tan fuerte que le ayudó a impedir que los pronósticos de los doctores se hicieran realidad.

> **No existe nada que sea tan poderoso y que nos proporcione una larga vida como el anhelo de alcanzar nuestras metas.**
> *Selecciones*

El mejor consejo que jamás oí es: "Piensa sólo en el próximo kilómetro". Éste se relaciona con la siguiente anécdota de un escritor.

Durante la Segunda Guerra Mundial, varios compañeros y yo tuvimos que lanzarnos en paracaídas desde un ruinoso avión de transporte de la Armada en la selva montañosa de la frontera entre Birmania y la India. Pasaron varias semanas antes de que una expedición de rescate pudiera llegar hasta nosotros y entonces comenzamos una penosa y fatigosa marcha hacia la India civilizada. Nos enfrentábamos a una travesía de casi 250 kilómetros a través de montañas, bajo el calor y las lluvias monzónicas de agosto.

En la primera hora de la marcha se hundió profundamente un clavo en mi bota. Para el atardecer tenía heridas sangrantes del tamaño de una moneda de 50 centavos en ambos pies. ¿Podría recorrer cojeando más de 200 kilómetros? ¿Podrían los demás, algunos en peor estado que yo, completar esa distancia? Estábamos convencidos de que no. Pero sí podríamos llegar cojeando a unos riscos y en la noche al próximo pueblo amigable. Y eso, por supuesto, era todo lo que teníamos que hacer.

Por otra parte, cuando renuncié a mi trabajo y a un salario para emprender la elaboración de un libro de un cuarto de millón de palabras, no podía permitir que mi mente se detuviera a considerar el alcance total del proyecto, pues habría, con seguridad, abandonado lo que se ha convertido en mi más profunda fuente de orgullo profesional. Trataba de pensar solamente en el siguiente párrafo, no en la próxima página ni mucho menos en el próximo capítulo. De este modo, durante seis meses continuos no hice otra cosa más que redactar un párrafo tras otro. El libro se escribió por sí mismo.

Finalmente, hace años asumí la tarea de redactar y transmitir por radio diariamente los que hasta ahora suman dos mil guiones. Si me hubieran pedido en aquel entonces que firmara un contrato para escribir todos éstos, me hubiese negado ante la desesperación de la enormidad de tal encargo. Pero sólo me pidieron escribir uno, luego el siguiente, y así, uno tras otro, todos los que he escrito.

A este escritor le facilitó alcanzar sus metas el consejo "piensa sólo en el próximo kilómetro", y creo que a cualquiera de nosotros también nos servirá.

> No es talento lo que le hace falta al hombre:
> es la voluntad para trabajar, es el propósito.
> Anónimo

Todo tiene un ritmo y un tiempo. Cuando sembramos la semilla de algo, no esperamos que a la siguiente semana de haberlo plantado nos dé el fruto. El árbol del aguacate tarda siete años en darnos su primera cosecha. Cuando construimos una casa, primero el arquitecto hace un proyecto dibujado y se le hacen correcciones de acuerdo con el gusto de las personas que van a vivir ahí. Después los terrenos se deshierban, etcétera, y la casa soñada tarda (dependiendo del arquitecto) unos seis meses en estar lista para habitarse. Nada se nos da de un día para otro. El hermoso principio de los alcohólicos anónimos de "sólo por hoy" hay que hacerlo nuestro. Que nada nos detenga para alcanzar lo que queremos, para materializar nuestros sueños y para coronar nuestras metas.

> Si un hombre se imagina una cosa,
> otro la volverá realidad.
>
> Julio Verne

Repite: "Ahora la luz y la sabiduría del Padre se hacen en mí. Amén".

¿Y qué aprendí?

Cuando se realizaron los Juegos Olímpicos de Pekín fuimos testigos de lo que pueden hacer la disciplina, la voluntad, el esfuerzo, la fe, el trabajo físico y, más que nada, una decisión a prueba de todo para alcanzar los sueños.

Los atletas mexicanos Guillermo Pérez y Rosario Espinosa ganaron una medalla de oro cada uno. Por otra parte, Paola Espinoza y Tatiana Ortíz, una de bronce. Todo fue muy hermoso y lo disfrutamos, pero surge la pregunta obligada: ¿qué podemos aprender de eso? Quizá que aun con carencias económicas y poco apoyo, cuando anhelamos algo podemos alcanzar nuestras metas.

Estos atletas diariamente y durante muchos años se entrenaron para obtener lo que querían. Seguramente si nosotros hacemos lo mismo, lograremos nuestras metas, pues, según Aristóteles: "Causas semejantes producen efectos semejantes".

La vida eventualmente nos presenta obstáculos. No importa que tengamos algunas caídas, sino aprender de éstas, pues nos darán mucha experiencia y seguridad en nosotros mismos.

¿Queremos medallas de oro en nuestra realización, relaciones, finanzas, salud y condición física, equilibrio emocional, fe, disciplina, tolerancia, paciencia?

Si queremos obtener estas medallas necesitamos voluntad, que es la capacidad que tenemos todos para tomar decisiones y actuar en consecuencia. Ésta es sorprendente. Desarrollarla nos permite medir nuestra integridad y nos exige comprometernos a llevar a cabo lo que hemos decidido. En otras palabras, es respetarnos a nosotros mismos; es como si fuera una deuda de honor que hemos adquirido con nuestra persona, que nadie nos va a exigir que cumplamos pero que sabemos que tenemos la obligación de hacerlo.

La confianza es la mitad del triunfo.
Napoleón Bonaparte

Podemos estar seguros de que cuando realmente queremos algo, lo conseguimos y vencemos todos los obstáculos. Si sólo se trata de un gusto momentáneo, pasará lo mismo que con las plantas y las mascotas: si no se les dan los cuidados necesarios, mueren.

Si creemos que podemos, podremos. Si no tenemos fe en nuestra capacidad, seguro fracasaremos.

El éxito es la habilidad de ir de un fracaso a otro sin perder el entusiasmo.
Winston Churchill

Repite: "Ahora la luz y la sabiduría del Padre se hacen en mí. Amén".

Nuestra
fuerza interior

Ignoramos la fuerza interior que poseemos hasta que la vida nos enfrenta a eventos que nos lastiman mucho, como el fallecimiento de alguien muy querido, quedarnos sin trabajo, atravesar por alguna enfermedad, etcétera. Sólo hasta que lo hemos superado y el tiempo ha pasado, nos preguntamos: "¿cómo pude sobrevivir a eso?" Cuando éste sea el caso recuerda:

Las huellas del Señor (fragmento)
—Señor, tú me dijiste una vez
que si yo decidía seguirte,
siempre estarías a mi lado en el camino.
Pero he notado
que cuando yo más sufría
sólo había un par de huellas en la arena
y no entiendo: ¿por qué me abandonaste
cuando más te necesitaba?

El Señor le respondió:
—Hijo bienamado, yo nunca te abandonaría
en tiempos de prueba y sufrimiento;
cuando tú has visto sólo un par de huellas,

era yo quien te cargaba amorosamente
entre mis brazos.

Nunca estamos solos al momento de librar nuestras batallas, ya que siempre están los brazos amorosos del Padre sosteniéndonos y guiándonos hacia nuestra más alta realización espiritual.

¿Podrá pasar algo sin que Dios quiera? Recuerda que no se mueve la hoja de un árbol sin la voluntad del Señor.

Si llegamos a dudar del amor de Dios, viviremos en el miedo, la culpa y el resentimiento y nuestra vida se convertirá en un infierno, pues sentiremos que no podremos recurrir a nadie; por lo que la soledad, la amargura y el desamparo se harán presentes junto con sus floridos resultados.

> Cuando tratamos de ver con los ojos de Dios
> reflejamos fortaleza en vez de debilidad,
> unidad en vez de separación
> y amor en vez de miedo.
> Helen Schucman y William Thetford,
> *Un curso de milagros*

Repite: "Ahora la luz y la sabiduría del Padre
se hacen en mí. Amén".

El Padre Nuestro

La mayoría de nosotros no sólo conocemos la oración del Padre Nuestro, sino que hasta nos la sabemos de memoria desde niños, pero si alguien ahora nos pidiera que la desglosáramos y nos preguntara qué es lo que pedimos, muy pocos de nosotros podríamos contestar.

Cuando pongamos atención en lo que pedimos en el Padre Nuestro y tengamos fe, nunca más sentiremos angustia por el futuro, pues dice de una manera muy clara que vivamos el *hoy*: "Danos *hoy* nuestro pan de cada día". Y como no confiamos en que mañana será otro hoy y pasado mañana también, queremos ver el pan de hoy, de mañana, de pasado y el de todo el mes.

Dicen que Dios vive en un eterno presente. Por eso las afirmaciones que practicamos siempre van en este tiempo, ¿lo recuerdas?

> Repite: "Ahora la luz y la sabiduría del Padre se hacen en mí. Amén".

Vivimos abrumados

Nos sentiremos muy abrumados e infelices si repetimos: "Siempre me ven la cara, todos abusan de mí. Si la gente supiera lo difícil que es mi vida…"

Recuerda que *no* es lo que pasa en nuestra vida lo que nos hace sentir mal, sino lo que pensamos de ella. Cuando cambias tus pensamientos, tu vida también lo hace.

Hay personas que todo lo disfrazan, que sólo cuando se han tomado algunas copas se atreven a decir lo que no les gusta. Hay quien se hace la víctima para que los demás crean que por eso no alcanza lo que quiere. También hay personas que necesitan abrazos y mimos y, en vez de comentarlo con sus seres queridos, de todo lloran para lograr que las apapachen un rato.

Ya nos hemos dado cuenta de que las leyes no pueden darnos una sociedad más justa, pues seguimos teniendo servidores públicos corruptos. La única manera de lograr una transformación es que cada uno de nosotros nos hagamos responsables de nuestras conductas y *cambiemos*, ya que es imposible generar modificaciones partiendo de comportamientos que no nos han funcionado hasta ahora.

Te recomiendo ampliamente leer el libro *País de mentiras* de la doctora Sara Sefchovich.

> Repite: "Ahora la luz y la sabiduría del Padre se hacen en mí. Amén".

El peso de las palabras

En otros de mis libros hago referencia al peso emocional que tienen las palabras; independientemente de ello aquí lo repito, dado que es muy importante.

Cuando pronunciamos la palabra *espero* nos estamos limitando; mejor hay que cambiarla por *sé*. Por ejemplo:

- "Espero conseguir el trabajo que quiero." > "Sé que conseguiré el trabajo que quiero."
- "Espero conservar mi paz interior." > "Sé que puedo conservar mi paz interior."
- "Espero observar mis pensamientos negativos." > "Sé que puedo observar mis pensamientos negativos."

Observa cómo la palabra *espero* nos crea duda y preocupación; en cambio, *sé* nos brinda seguridad, paz y armonía.

Conozco a algunas personas para las que la frase *¡qué horror!* forma parte de su vocabulario diario: "¡Qué horror de calor!", "¡Qué horror de película!", "¡Qué horror de ropa!", "¡Qué horror de zapatos!"... Todo es *¡qué horror!* Y como todo lo que hablamos se graba en el subconsciente, será mejor cambiar la palabra *horror* por *feo*, que tiene menos peso emocional.

Es probable que pienses: "¿Cómo es posible que con solo sustituir algunas palabras muy comunes mi vida cambie?" Te lo garantizo, ya que lo trivial lo cambias por algo muy poderoso.

Te sugiero que durante una semana observes con atención lo que dices y que grabes tus llamadas telefónicas. Cuando las escuches te parecerá increíble la cantidad de veces que pronuncias palabras negativas y que te limitan.

No estamos conscientes del poder interior que tenemos. Al aprender a manejar el vocabulario que queremos, nos damos cuenta de que somos un manantial inagotable de energía que nos permite tener una vida más agradable y satisfactoria.

Mientras no analicemos nuestra vida para detectar todas las creencias y palabras negativas que hacen que nos sintamos inseguros e impotentes, de manera constante las seguiremos repitiendo, por lo que estaremos condenados a vivir infelices.

A todos nosotros nos creó el Padre con un gran poder interno; a todos, porque Dios no tiene favoritos, y cuando no sabemos que lo tenemos o lo usamos mal de inmediato se hacen presentes el miedo, el desamparo y la depresión, para informarnos que hay que corregir algo. Todos merecemos amor, realización, creatividad, intuición, prosperidad, salud y fe. Y esto sólo lo comprendemos si estamos conscientes de nuestra herencia divina.

Cuestionario

Llena, por favor, el siguiente cuestionario y sé muy honesto al contestarlo porque es una guía que te va a permitir saber cuáles son tus miedos más comunes.

¿Hablar de cuáles temas hace que pierdas tu paz?

¿Te han dicho que eres muy pesimista?

¿Has observado si con frecuencia centras tu atención en un futuro que no es halagador?

¿Para ti es más sencillo imaginar un resultado negativo que uno positivo?

¿Le dedicas mucho tiempo a imaginar lo que no deseas que pase?

¿Te inquietas por lo que está fuera de tu control?

¿Cuando algo sale mal te gusta decir: "Ya lo sabía"?

¿Piensas que si te preocupas las cosas salen mejor?

¿Con frecuencia tratas de solucionar algo que todavía no se presenta?

¿Te sientes incomprendido?

Estar conscientes de cómo somos ahora nos ayudará a crecer.

> Repite: "Ahora la luz y la sabiduría del Padre
> se hacen en mí. Amén".

Los cazadores de miedos

Algunos de nosotros a veces nos quejamos de nuestros miedos, pero hay algunos que no se conforman sólo con quejarse, sino que se convierten en *cazadores de miedos*. Estas personas son a las que se les dicen que "andan buscando cebollitas para llorar". Siempre están profetizando fatalidades, cegadas por el miedo.

El estado que más domina su mente es la inquietud en su máxima potencia. Aunque intentemos tranquilizarlas, no abandonan su visión negativa de cómo serán las cosas. Estas personas se convierten en resumideros de comprensión, pues por más que intentemos decirles que la situación no está tan mal, responderán: "No, no sabes...", "Las cosas están peor que lo que te imaginas" o "Te lo juro, esto no acabará bien", por lo que terminamos sin sugerir nada, porque hasta parece que se molestan.

Este tipo de personas nunca tienen paz, ya que su vida siempre está llena de zozobra y angustia. Incluso pueden llegar a comentar: "Fíjate que le comenté a equis persona mi problema, ¿y qué crees que me dijo? Que no era tan serio como yo creía y que todo tiene solución. Me dieron ganas de abofetearla, como ella no es la que está pasando por el conflicto todo lo ve color de rosa". Ahora sí que, como decía el indito, ¡úchale!, muy probablemente todo lo que quería esa persona era levantarle la moral.

Los cazadores de miedo nunca descansan, pues viven siempre angustiados por todo lo que se imaginan. Una persona que siente temor está dominada por la incertidumbre y trata de controlar ciertas cosas, sobre las que no tiene poder, y esto la lleva a imaginar resultados fatales.

Las personas que se hacen adictas a ser cazadoras de miedo lo ignoran. Es común que estas personas padezcan colitis crónica, ya que el temor es el pan de cada día y de manera constante dicen que presienten las catástrofes. Siempre que estén conversando con este tipo de personas, mentalmente hagan sus negaciones, pensando: "Lo niego para ti, lo niego para mí y lo niego para toda la humanidad".

¡Cuidado! Vamos a observarnos para no ser de este tipo de personas negativas con las que nadie quiere estar, pues todo lo ven oscuro.

Es importante recordar que vamos a materializar lo que constantemente estamos pensando y hablando. Por tanto, *debemos hablar de lo que queremos, no de lo que no queremos*.

También hay que tener presente siempre que poseemos el poder de crear, el cual heredamos del Padre, por lo que somos cocreadores con Dios de lo que pensamos y hablamos.

Cuando hemos aprendido el inmenso poder de la bendición y lo practicamos, por donde quiera que pasemos dejaremos una cauda de luminosidad y cariño. Hay que agradecerle al Padre que nos permita ser su canal, para que por medio de nosotros llegue más luz y amor a esta humanidad.

El miedo nos causa una gran perdida de energía emocional, ya que cuando pasa el tiempo nos damos cuenta de que la mayoría de las cosas que nos enfermaron y quitaron el sueño no sucedió.

Increíblemente hay personas para las que vivir con miedos se ha convertido en un estilo de vida. Imagínense que al despertar a diario lo primero que hacen es preocuparse.

Les voy a compartir algo. Siempre que doy un curso anoto hasta arriba del pizarrón: "Bendito día tal..." En una ocasión una alumna –por cierto, muy hermosa, pero muy mal hablada– me preguntó que por qué escribía "bendito día". Le respondí que se me hacía muy bonito bautizar nuestro día con esa palabra, ya que seguramente nos traería muchas cosas buenas; entonces ella contestó: "Con razón me va tan mal, pues al despertar siempre pienso: 'Pu... madre, a ver cómo nos va este pin... día'." Todos soltamos la carcajada, pues aunque hablara así, nunca lo hacía con la intención de ofender a nadie. Ella es una persona muy agradable, guapa y entrañable amiga y todos la queremos mucho.

Si bien es cierto que hay muchas cosas en la vida de las que no podemos estar seguros y otras más sobre las que no tenemos ningún control, deduzcamos entonces que angustiarnos a más no poder es una pérdida de tiempo.

Es cierto que en algún momento de nuestra vida surge algo que nos preocupa, por lo que es inevitable hacer frente a esos problemas. Yo no sugiero que nunca nos angustiemos, sino que nos *ocupemos* de las cosas que depende de nosotros que cambien, por lo que aquí sí resulta útil el miedo, pues nos impulsa a actuar, pero éste no es el caso de los cazadores de miedo, que se preocupan hasta por la enfermedad del jardinero o la soledad de la señora que vende nopalitos.

> La razón por la que la preocupación
> mata más que el trabajo es porque
> hay más gente que se preocupa
> que gente que trabaja.
>
> Robert Frost

Conozco una persona, Eugenia, que se queja de manera constante de sentir las malas vibras de ciertas personas en algunas reuniones. La verdad es que no todos tenemos la sensibilidad tan desarrollada como para sentir las vibraciones de los demás. Sin embargo, ella genera tanta antipatía por otros que ocurre lo que les compartí en mi libro *¿De verdad estoy soñando?*: vivimos dentro de un campo energético que tiene forma ovoide y que algunos llaman aura; de manera constante generamos energía por medio de nuestros pensamientos, emociones y palabras, mismos que viajan a través del inconsciente colectivo, en donde se encuentran todos los de toda la humanidad. En su viaje éstos van atrayendo todo lo que vibra como ellos; desafortunadamente lo que abunda son los miedos, las culpas, la infelicidad, los resentimientos, etcétera, por lo que un pensamiento que enviamos de antipatía se nos regresa con un gran incremento de energía negativa. Por desgracia, Eugenia no acepta que si se siente mal es por sus mismas energías, y mientras no lo acepte no podrá hacer cambios.

Como lo más común es que la otra persona ande en otra sintonía, nuestra energía choca con el aura de esa otra persona y entonces sucede esto:

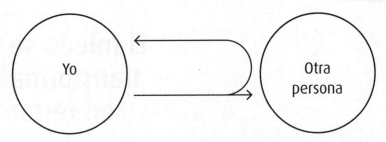

Figura 1. Interacción entre la energía y el aura de personas
que están en sintonías distintas.

Nos sentimos mal, pero no por lo que la otra persona
emana, sino porque nuestras energías se nos están regresando
y, además, multiplicadas.

Repite: "Ahora la luz y la sabiduría del Padre
se hacen en mí. Amén".

El miedo se transforma en terror

El miedo no tiene nada de bueno, pues cuando vivimos con éste tomamos decisiones equivocadas o aplazamos las correctas y con frecuencia nos enfermamos de varias cosas; para empezar está la colitis crónica, la falta de sueño, los desórdenes alimenticios, éstos últimos ya que existen personas que comen en exceso cuando están preocupadas o casi no comen nada; esto también baja la productividad en nuestras labores diarias. Como la mayoría de lo que imaginamos es infundado, nos paralizamos. Podemos matar una cucaracha si la vemos, pero no querríamos hacerlo si no la vemos.

La preocupación nace del miedo a ser exterminados. Ancestralmente el miedo nos alertaba de los peligros que ponían en peligro nuestra vida; a ese mecanismo se le llama *luchar o huir*. Como la mayoría de nosotros no sabemos interrumpirlo, optamos por lo que nos resulta más fácil, que es alterarnos en vez de permanecer calmados y con fe.

Si pensamos que no podremos enfrentarnos a lo que tememos, el miedo se transformará en terror y sufriremos un ataque de pánico. Hay que tener mucho cuidado con esto, porque no es lo mismo estar preocupados que tener miedos extremos. Suena muy fácil decir que hay que cambiar el pensamiento, pero cuando se trata de ataques de pánico es urgente acudir a un psiquiatra y si es recomendado, mejor.

¿Cuál es la diferencia entre quien sufre preocupación crónica y quien experimenta ataques de pánico? Las personas que padecen preocupación crónica por lo regular están de mal humor; son personas pesimistas que no necesariamente son depresivas. Mientras que quienes experimentan ataques de pánico no siempre son negativos, pero clínicamente sufren ansiedad al máximo. Por supuesto, ésta no es una verdad absoluta, pero si llevas más de un mes deprimido o con ataques de pánico, acude a un psiquiatra.

A continuación te comparto una historia de Anthony de Mello:

Cuentan que hace muchos años llegó la Peste y antes de entrar a una aldea un habitante la detuvo diciéndole que no podía pasar. Ésta le contestó que con su permiso o sin él ella venía a llevarse algunas almas. El aldeano le preguntó que cuántas tomaría y la Peste le respondió que tres mil. El aldeano apeló a su misericordia y le pidió que se llevara dos mil. Ella aceptó. Pasó un mes y cuando la Peste ya venía de regreso, el hombre le reclamó diciéndole: "No cumpliste tu promesa, quedamos en que te llevarías dos mil almas y te llevas tres mil". La Peste le contestó: "Yo sí cumplí mi palabra al llevarme dos mil, las otras mil se murieron de miedo".

A nada hay que temer tanto como al propio temor
Henry David Thoreau

Repite: "Ahora la luz y la sabiduría del Padre se hacen en mí. Amén".

La ociosidad es la madre de todos los vicios

Hace muchos años conocí a Ernesto, médico acupunturista quien me compartió algo muy importante que le había sucedido. Resulta que muchos años atrás, él quería aprender acupuntura con un maestro chino que conocía, pero éste último se negaba siempre que Ernesto le pedía que le enseñara, hasta que un día el maestro aceptó, pero con ciertas condiciones: durante los siete años que duraría su aprendizaje no comería carne, no tomaría bebidas alcohólicas y tampoco tendría sexo. Él aceptó inmediatamente, pues sabiendo que la acupuntura se había originado en China, qué mejor que aprenderla de primera mano.

En cierta ocasión ambos se internaron en el bosque. El maestro le dijo que iban a cazar una tuza y que empezarían precisamente por buscarla. Ya que la encontraron y estuvieron observándola un buen rato, el maestro le preguntó a Ernesto que cuándo creía que sería más fácil cazarla; él le contestó que cuando saliera de su madriguera y el maestro le respondió que no; entonces Ernesto replicó que cuando saliera a comer y su maestro negó de nuevo. Mi amigo ya no sabía qué responderle y finalmente le dijo que cuando regresara a su madriguera... Su maestro le explicó que el momento más fácil para cazar a la tuza era cuando ésta perdía el tiempo.

Después con algunas ramitas del bosque hicieron una trampa, la tuza cayó y luego la soltaron, ya que el objetivo de ese día no era quedarse con ella sino que Ernesto aprendiera algo. Ya de regreso, mi amigo le dijo a su maestro que no entendía cuál había sido el propósito de cazar a la tuza y éste le contestó: "La tuza eres tú; la tuza es el hombre". Por lo que ese día Ernesto aprendió que cuando estamos sin hacer nada, cuando estamos ociosos, caemos en las trampas de los miedos, las culpas, los resentimientos, etcétera.

Uno de los mejores antidepresivos es el trabajo; estar ocupados en algo.

Cuando nos demos cuenta de que nuestra mente divaga, hay que retomarla dándole gracias al Padre por algo, ya que siempre hay cosas por las cuales agradecer, haciendo afirmaciones de lo que queremos, enviando bendiciones y repitiendo continuamente: "Ahora me amo, me bendigo y merezco lo mejor".

A las personas cazadoras de miedos cualquier cosa les preocupa y constantemente están imaginando cosas que *no* quieren que sucedan.

La preocupación y el miedo forman parte de nuestros mecanismos de supervivencia siempre y cuando no se conviertan en obsesivos. Si los analizamos, nos darán pistas para descubrir necesidades más profundas. Por ejemplo: si tememos que nuestra pareja se vaya, entonces tenemos miedo a quedarnos solos, a qué dirá la gente, a no tener quién nos mantenga, etcétera. Aquí la preocupación nos impulsaría a entrar en acción, mientras que el miedo obsesivo no nos permitiría avanzar.

> Repite: "Ahora la luz y la sabiduría del Padre
> se hacen en mí. Amén".

Lo que resiste, persiste

Tendemos a resistirnos cuando se presenta algún problema. Sin embargo, ¿qué tal si probamos algo diferente?, como decir: "Lo acepto". Decir *sí* no significa que estemos brincando de gusto con lo que está sucediendo.

Cuando nos atrevemos a decir "lo acepto", liberamos la gran cantidad de energía negativa que se genera por la resistencia y recordamos que vivimos en un universo de posibilidades. Al hacer esto la tensión física y mental, así como el miedo y la ansiedad, descienden y entonces sí podemos analizar con calma la situación. Cuando actuamos así los beneficios físicos y emocionales son muy grandes, por lo que la mejor solución es aprender a decir: "Lo acepto".

Para empezar, nuestras glándulas dejan de producir sustancias químicas que nuestro cuerpo no necesita, por lo que no nos enfermamos, además nos salimos del papel de víctimas al no repetir: "No puedo creer que esto me esté pasando a mí", "¿Por qué Dios permite que me suceda esto?" o simplemente "No puedo seguir adelante".

En mi libro *¿Quién soy?* les comparto que mi bendito maestro y guía espiritual durante más de 20 años dijo que la naturaleza es un libro abierto que tiene muchas lecciones para nosotros, que todo lo que necesitamos es estar muy atentos para aprender lo que nos brinda. Él sonreía cuando yo le comentaba que constantemente espiaba a la naturaleza preguntándome: "¿Qué puedo aprender de esto?"

Como tengo muchas plantas con flores en mi jardín y mi estudio tiene un ventanal enorme que da a éste he aprendido algunas cosas. Para empezar hay plantas que son muy diferentes, como nosotros: algunas son de sol, otras de medio sol, de sombra y media sombra; unas requieren riego diario, según como esté el clima; otras, dos veces por semana, como la buganvilia; y otras más, una vez a la semana. Con las plantas que adaptamos al interior pasa lo mismo. Lo único que todas requieren es mucha luz para crecer hermosas. Yo he aprendido que si deseo ver a mis plantas saludables, necesito regarlas, darles mi atención y luz de amor mediante mis palabras y acciones, fertilizarlas continuamente con mis bendiciones y podarlas cuando sea necesario.

Por las mañanas acostumbro regar mis rosales que se encuentran al frente de la casa, con frecuencia algunos vecinos me comentan que tengo unos rosales hermosos; y me preguntan que cómo le hago, porque a ellos no se les dan igual. Cuando les contesto que cada mes los fertilizo, algunos me comentan asombrados: "Ah, pero, ¿acaso se necesitan fertilizar?"

No podemos suponer que las personas a quienes admiramos, porque siempre las vemos estables, nacieron así. Esa estabilidad es fruto de mucho esfuerzo interior, por lo que nosotros podemos alcanzarla si trabajamos en nosotros mismos con disciplina y paciencia.

Cierta vez, regando el jardín trasero de mi casa, observé que debajo de una higuera la tierra estaba tan seca que se había agrietado, por lo que de inmediato pensé: "¿Qué puedo aprender de esto?, ¿cómo lo puedo aplicar a mi vida?" Y rápidamente llegó la respuesta: algunos de nosotros nos parecemos mucho a esa tierra, pues cuando hemos atravesado por situaciones difíciles en nuestra vida traemos el alma agrietada y seca, pero regándola de forma constante con el agua de la atención y del amor ésta volverá a su estado original.

Tuve un alumno que se resistía a aceptar la muerte de su esposa, con quien estuvo casado un año. Cuando llegó conmigo me comentó que hacía cuatro años que su esposa se había ido y él estaba en tratamiento para la depresión, pero pensaba que nunca iba a superar ese dolor; incluso me confesó que estaba enojado con Dios por haberle arrebatado a su esposa.

En el transcurso de nuestra vida se presentarán muchas despedidas, en ocasiones de una relación, en otras de un trabajo o por un cambio de residencia, etcétera, pero esto nos sucede a todos, así es la vida. Recordemos que ésta es dinámica, no estática, esto quiere decir que con frecuencia está cambiando y que todo es temporal y hay que aprender a movernos con ella para que no nos lastime.

Este alumno me comentó que el año que estuvieron casados había sido el más feliz de su vida, entonces le mencioné que tenía mucho que agradecer y dejar de resistirse a aceptar algo que no tenía remedio, como lo era la partida de su esposa. Le sugerí que lo analizara para aceptarlo, ya que con su aceptación o sin ésta, ella no regresaría.

Después de unas semanas me dijo que yo lo había hecho tomar conciencia de algunas cosas y que cada que recordaba a su mujer se decía a sí mismo: "Ahora acepto que mi esposa ya partió y yo me encuentro en perfecto orden divino; inmerso en paz, armonía y felicidad". También mencionó que había hecho una meditación para hacer las paces con Dios y por fin había comprendido que el seguirse resistiendo le seguiría causando dolor; que su actitud ante la vida había cambiado y que su psiquiatra ya estaba reduciendo algunos de los medicamentos que tomaba. Le recomendé que leyera un libro muy hermoso llamado *Nuestros amados viajeros*, que habla de cuando algún ser querido fallece.

Un hecho similar fue el que una alumna me comentó: En cierta ocasión, uno de sus hijos, que era un profesionista muy exitoso y guapo, había conocido y establecido una relación amorosa con una señora dos o tres años mayor que él, con un pasado muy tormentoso. Ella no estaba de acuerdo con ésta, por lo que al principio se resistió mucho a aceptarla pero finalmente había optado por acceder, pues comentaba que su hijo ya tenía 35 años y no tenía caso ir contra la corriente; recordó un dicho popular muy cierto que decía su abuelita: "Tiran más dos tetas que dos carretas".

Finalmente, deseo compartirte el relato siguiente: hace muchos años, en una hermosa playa se encontraban dos niños de nueve años que vieron una canoa sola en la orilla; se subieron y empezaron a remar. Cuando ya se encontraban alejados de la playa, se dieron cuenta de que le entraba agua a la canoa y de que se estaban hundiendo, por lo que se asustaron mucho y comenzaron a llorar. Una vez que la canoa se hundió por completo, los dos gritaron: "¡No sabemos nadar, ayúdennos!" Uno de ellos estaba muy desesperado; chillaba y movía mucho sus piernas y brazos. El otro se puso boca arriba y le gritó: "No hagas nada y las olas nos regresarán a la playa", pero el primero no hizo caso, estaba tan asustado que siguió gritando y pataleando. Por supuesto, el niño desesperado se ahogó y el otro se salvó, pues no se resistió".

Repite: "Ahora la luz y la sabiduría del Padre se hacen en mí. Amén".

¿Por qué estamos sedientos de amor?

Si estamos inmersos en un océano de amor, ¿por qué no lo sentimos?, ¿por qué anhelamos lo que ya somos? Porque estamos dormidos en un sueño de fantasía y de ilusión en donde no recordamos quiénes somos.

En los cursos invariablemente preguntan: "¿Y qué necesitamos para despertar?" Lo que necesitamos es:

- Reconocernos de verdad como lo que somos: extensiones de Dios. No basta con repetir: "Sí, sí soy una extensión de Dios", sino que actuemos como tal, porque realmente no lo sentimos ni lo creemos.
- Aceptar que Dios nos ama *incondicionalmente*. Debemos olvidar que tenemos el poder de hacer enojar a Dios.
- Aprender a amarnos a nosotros mismos con lo que nos gusta y no de nosotros.
- Erradicar de nuestra vida todo lo que no es amor, paz, fe, armonía, alegría, felicidad, agradecimiento, prosperidad.
- Eliminar de nuestra vida miedos, críticas, quejas, resentimientos, inseguridades, culpas. No debemos anclarnos en el pasado, en donde están las culpas y

resentimientos, ni en el futuro, en donde están los miedos.
- Ver todo lo que nos sucede como un aprendizaje.
- Hacernos responsables de todo lo que pensamos, hablamos y actuamos.
- Desarrollar en nosotros el optimismo, lo positivo; buscar siempre opciones y alternativas, porque siempre las hay, sólo tenemos que aprender a encontrarlas.
- Habituarnos a vivir nuestro presente.

Sobre el despertar hablo abiertamente en mi libro *¿De verdad estoy soñando?*, por si te interesa.

> Repite: "Ahora la luz y la sabiduría del Padre se hacen en mí. Amén".

Los milagros

Cuando se presenta alguna situación especial en mi vida y sé cómo manejarla le agradezco con mucho amor a Dios, ya que me doy cuenta de lo diferentes que habrían sido mis reacciones mentales y emocionales en otros tiempos, pues son eventos que me habrían causado miedo, dolor e impotencia, y ahora con toda la paz que hay en mi corazón ya advierto que hay cosas en las que no puedo hacer nada y cuya solución no depende de mí, por lo que empiezo a enviar bendiciones y sigo en armonía. De forma eventual me sorprendo retomando mentalmente el mismo problema y vuelvo a enviar bendiciones y cuido mi paz interior.

Quizá te preguntes: "¿Y cuáles milagros?" ¿No te parece un milagro que tengamos vida; que nuestro bendito cuerpo cumpla con todas sus funciones sin que nosotros hagamos algo; que tengamos el poder de bendecir, de crear y diseñar nuestra vida y de tomar decisiones; que seamos libres de vivir como queramos, que estemos rodeados de personas que nos aman?

Vivimos rodeados de milagros y el oropel de la vida no nos permite darnos cuenta de ellos. En otro de mis libros les comparto que todas las noches al acostarme trato de recordar todo lo que viví ese día y le doy gracias al Padre: puede ser desde una llamada telefónica hasta que me permita disfrutar de toda la naturaleza que creó, especialmente la que hay en mi jardín, que se encuentra frente a mí mientras escribo mis libros. Le agradezco que me conceda inspiración para escribir y compartirles a ustedes, benditos compañeros de viaje, lo que he aprendido en mi caminar.

En las mañanas, antes de levantarme de la cama también le agradezco al Padre que me haya regalado otra noche. Le ofrezco mi día y le pido que me inunde de amor, sabiduría, inteligencia, iluminación, creatividad, intuición, fe, voluntad, fuerza y poder para tomar decisiones sabias en todas las áreas de mi vida.

Si no nos habituamos a agradecer a Dios todo lo que nos trajo ese día, es común que no recordemos lo que aprendimos ni todo lo que vivimos en éste, por lo que creemos que todos los días son iguales y que nuestra vida es muy monótona, cuando en realidad no lo es.

> Un solo pensamiento de agradecimiento al cielo
> es la oración más perfecta.
> Gotthold Ephraim Lessing

Cuando conozco un concepto que creo haber comprendido y en determinado momento me llega con toda claridad el mensaje de éste, permíteme compartirte cómo lo percibo: en ese instante siento como si frente a mis ojos hubiera un lago y de repente cayera algo que generara ondas muy grandes; es entonces cuando me digo: "¿Así que era esto? ¡Qué maravilla! Gracias, Padre, por concederme iluminación para comprenderlo".

Repite: "Ahora la luz y la sabiduría del Padre se hacen en mí. Amén".

El miedo a
quedarnos solos

Cuando permitimos que una relación le dé significado a nuestra vida pasa esto:

Figura 2. El espacio que ocupa una relación
a la que le permito darle significado completo a mi vida.

Cuando la relación se termina nuestro mundo se queda vacío, por lo que surge una necesidad imperiosa de sustituirla por otra, sea la que sea, para no sentirnos así.

Hay mujeres que no se dan cuenta de que en su manera de hablar, en sus comentarios cotidianos, constantemente están negando su individualidad y sus derechos. Por ejemplo, cuando dicen: "Lo más importante para mí es mi marido", "Mi vida está dedicada a mis hijos", "Yo no cuento, lo primero es mi familia".

Este tipo de mujeres vive con indecisiones crónicas, con autoexigencias ("Yo debería...", "Si hubiera..." o "Tengo que") y con culpas neuróticas e irritabilidad constantes.

No podemos permitir que de una sola cosa dependa nuestro bienestar y felicidad. Apegarnos a los demás en vez de aprender a amarlos de forma incondicional se convierte en necesidad y nos grita claramente que nos sentimos incompletos.

Cuando sufrimos por lo que calificamos de incomprensión por parte de los demás, es decir, porque no agradecen lo que hacemos por ellos, significa que aún no aprendemos a amar a los otros sin esperar nada. Recuerda nuevamente que tener expectativas es una señal inequívoca de que vamos a vivir muy desilusionados y resentidos con los demás. Primero nos transformamos nosotros y después el mundo en el que vivimos.

Si no sabemos amarnos, viviremos con muchos miedos y nos agarraremos de lo que sea que nos dé cierta seguridad (desde nuestro punto de vista), y de ahí pasaremos a regalarnos; es decir, con tal de que los demás no se vayan les permitimos que tomen decisiones por nosotros, que nos manipulen, que nos humillen y hasta que nos golpeen.

No sólo los golpes físicos dejan huella, las heridas emocionales también lo hacen, con la diferencia de que aquéllos los vemos y éstas no, por lo que muchas veces ignoramos que ahí están.

Mi mundo, con una nueva manera de ver las cosas, sin centrar mi vida en una sola cosa, se ve como en la figura 3.

Cuando proyectamos así nuestro mundo, el que una relación se termine no acaba con nuestra vida, pues tenemos otras áreas que siguen funcionando y de las cuales nos nutrimos.

Figura 3. Cómo está mi mundo cuando varias áreas nutren mi vida.

¿Qué es la contribución?

Como observamos en la figura anterior, una de las áreas que nos nutren es la contribución, que consiste en ayudar a los necesitados. Para ello no debemos irnos a la India, ni siquiera trasladarnos aquí en México; todo lo que tenemos que hacer es observar, desde donde estamos, cuáles son las necesidades más apremiantes para contribuir a satisfacerlas.

Enviar bendiciones es, sin duda, una de las más grandes aportaciones que podemos ofrecerle al mundo y ni siquiera tenemos que desplazarnos a ningún lugar. Ahora que si físicamente podemos colaborar con alguna causa que consideremos importante, adelante.

Repite: "Ahora la luz y la sabiduría del Padre se hacen en mí. Amén".

¿Qué le estoy aportando al universo?

Con mucha frecuencia se habla sobre la inseguridad, los asaltos, los secuestros, los asesinatos, etcétera, y todos queremos que las autoridades hagan algo al respecto, ¿verdad? Pero pasamos por alto aquel axioma zen que dice: "Como es arriba es abajo. Como es adentro es afuera". Todo lo que está pasando afuera es sólo un reflejo de cómo andamos por dentro; curiosamente eso nos espanta. Mi maestro decía que parecemos cerillos que al menor rozón nos encendemos; cualquier cosa nos molesta; vivimos con muchos miedos, agresiones, culpas, resentimientos, entre otras cosas. Queremos que los demás vean la vida como nosotros la vemos. Nos angustia y enferma no tener el control de todo. Olvidamos que todo lo que nos sucede es temporal. Sufrimos cuando no tenemos la aprobación de los demás... la lista es interminable.

Hace muchos años, antes de iniciar mi búsqueda espiritual, observaba con atención cómo los resentimientos que generan las personas que de todo se sienten creaban abismos entre los familiares y amigos. En ese momento aún no sabía cómo identificar ese comportamiento. Recuerdo que me decía a mí misma: "Si la gente no viera mala fe en lo que dicen los demás, no habría problemas". Ahora pienso: "En el momento en que deja de tener importancia la manera en la que me ven los demás, sin lugar a dudas mi vida se enriquecerá notablemente, pues no derrocharé mi valiosa energía en estar *cazando* cualquier conducta que no considere, desde mi punto de vista, *correcta*". Superar este mal hábito seguramente nos llevará a disfrutar de más paz y armonía.

Recordemos que todo lo que pensamos y hablamos se convierte en realidad; debemos cuidarnos mucho de no estar pendientes de las tragedias que observamos por los medios de comunicación y mucho menos repetirlas, para no enfocar nuestra atención en calamidades sino procurar enviar bendiciones como ésta: "En el nombre de Dios bendito pueblo de México, millones de veces bendito sea. Ahora Dios nos concede amor, paz, alegría, inteligencia, seguridad, empleo para todos, prosperidad, salud y fe. Amén."

> Repite: "Ahora la luz y la sabiduría del Padre se hacen en mí. Amén".

No queremos ceder

Hay ocasiones en que nos quebramos por nuestra inflexibilidad. Nos duele, pero no queremos ceder. Se dice que las personas que padecen artritis son muy inflexibles, y si recordamos que "como es arriba es abajo", está muy claro: mentalmente no ceden y *abajo*, o sea en el cuerpo físico, lo manifiestan como una artritis en la que no hay flexibilidad y existe el dolor.

Recordemos las maravillosas lecciones que nos da la naturaleza. Hay ocasiones en que nos parecemos a la nieve que cae en las montañas: suaves, frágiles y todo nos lastima, pero cuando queremos que nuestra vida mejore y aprendemos a hacerlo, nos convertimos en hielo sólido que es muy difícil de romper.

De nuevo los invito a memorizar la oración de san Francisco de Asís (véase página 19) para que la repitamos siempre que dudemos al tomar una decisión, pues habrá situaciones en las que necesitemos ser suaves como la nieve, por ejemplo, ceder en ciertas discusiones, pues ya sabemos que con eso se termina el problema. Pero también habrá ocasiones en que debamos ser como el hielo, para no permitir que todo lo que pasa afuera nos mueva, nos lastime o nos cause miedo.

> Repite: "Ahora la luz y la sabiduría del Padre se hacen en mí. Amén".

Las disculpas

Eventualmente, cuando una persona comete un error y lo reconoce, se disculpa. La mayoría de las veces, cuando es a nosotros a quienes nos corresponde perdonar, enseguida bajamos la guardia y decimos algo muy parecido a esto: "No te preocupes, ya pasó". Y de verdad el hecho de que se disculpen eclipsa la ofensa y todos felices.

Sin embargo, hay otras personas altivas y rencorosas que cuando les piden perdón por una pequeña ofensa, que la mayoría de las veces es una tontería, en vez de aceptar las disculpas, contestan de una manera grosera y altanera ofendiendo al que se disculpó, por lo que hacen que éste se arrepienta de haberlo hecho.

Aprendamos a ser lo bastante responsables para reconocer cuando hemos cometido algún error, para pedir perdón si es necesario y lo bastante humildes para aceptar la disculpa sin agredir.

El fruto del amor es el servicio,
que es compasión activa. La religión
no tiene nada que ver con la compasión.
Lo que importa es nuestro amor a Dios,
ya que todos hemos sido creados

con el único propósito de amar y ser amados.

Madre Teresa de Calcuta

Repite: "Ahora la luz y la sabiduría del Padre se hacen en mí. Amén".

Las víctimas

Existen muchísimas personas que disfrutan moverse en el papel de víctimas, porque no quieren hacerse cargo de su vida.

Siempre que pensamos que por culpa de los demás sufrimos, nos sentimos víctimas y le cedemos nuestro poder a los demás. ¿Cuál poder? El que tenemos de elegir cómo deseamos sentirnos, y, por tanto, el miedo se hace presente, ¿por qué?, porque las víctimas no tienen poder.

Se nos olvida que nosotros tenemos todo el poder para elegir cómo queremos sentirnos.

También existen personas que cuando tratan de hacerse responsables de su vida, dirigen la culpa hacia ellas mismas y eso está mal. ¡Por favor! No te conviertas en víctima de ti mismo. Hay veces en que no todo sale como nosotros queremos. No hay que restarle méritos a nuestro aprendizaje si hacemos cambios en nuestra vida en el pensar, sentir, hablar, hacer las cosas diferentes, saber que somos extensiones de Dios y, sobre todo, mejorar nuestra autoestima. Estamos esforzándonos para lograrlo, por lo que no debemos molestarnos con nosotros mismos. Lo que necesitamos es ser más pacientes, tolerantes y amorosos con nosotros, ya que estamos atravesando por un proceso de aprendizaje. Recuerda que las cosas que esperamos no se dan de un día para otro. ¿Has observado cuánto tiempo tarda un bebé en aprender a caminar, hablar, avisar cuando quiere ir al baño? ¿Cuánto tiempo tardamos cuando éramos niños en aprender a andar en bicicleta y a patinar? ¿Cuántos años se necesitan para hacer una carrera universitaria? "Como es arriba..."

El papel de víctima no nos permite ser felices nunca, pues siempre habrá algo o alguien que nos cause penas, por lo que nos convertiremos en un barril sin fondo, ya que nunca estaremos satisfechos. Además terminaremos muy solos, pues a nadie le gusta estar con personas que continuamente se quejan de todo.

Existe una manera muy fácil de darnos cuenta si ya nos estamos haciendo responsables de nosotros mismos, y es cuando sucede algo inconveniente y nosotros no nos molestamos con la persona responsable de esto, pues ya sabemos que cada uno de nosotros siempre hace lo mejor que puede con la programación y evolución que tiene. Si nos dejamos llevar por la ira, es una señal inequívoca de que aún no queremos hacernos responsables de nuestra persona.

Regalamos nuestro poder cuando nos enojamos, nos desilusionamos, sentimos celos, envidiamos a los demás, somos intolerantes e impacientes, buscamos vengarnos, nos gusta controlar a los demás, culpamos a otros de sentirnos mal, sentimos impotencia y compasión por nosotros, buscamos la aprobación de los demás, nos sentimos menospreciados y permitimos que nos manipulen...

Hacernos responsables nos permite estar conscientes de que disponemos de un universo de posibilidades para sentirnos bien en cualquier situación que se presente.

Repite: "Ahora la luz y la sabiduría del Padre se hacen en mí. Amén".

¿Debo tolerar lo que me hacen?

Alguien una vez me preguntó: "Betty, ¿quieres decir que al no culpar a los demás de sentirme molesta, debo tolerar lo que me hacen?" De ninguna manera; de lo que se trata es de que no pensemos que ellos son la causa de nuestra ira. Debemos aprender a ser asertivos e indicarles a los demás con cortesía cómo nos gusta ser tratados.

Curiosamente cuando hacemos el propósito de no culpar a los demás de cómo nos sentimos, de no criticar, de no hablar de tragedias y de no quejarnos de todo, nos damos cuenta de que no hay muchos temas de qué platicar, pues, por desgracia, nos hemos acostumbrado a ser así, por lo que hay que hacer un esfuerzo y sustituir las quejas por conversaciones positivas, interesantes, creativas y amorosas.

Cuando recordamos que tenemos un universo de opciones en cualquier situación, decidimos elegir lo que nos lleva por el sendero del amor, del crecimiento y que nos mantiene tranquilos a nosotros y a los demás.

Pensar de manera positiva es un hábito que se va fortaleciendo con el tiempo y que requiere mucha práctica. Si no lo hacemos con frecuencia, se nos va olvidando. Hay quien sugiere que nos rodeemos, si podemos, de personas positivas, pero lamentablemente no siempre es posible encontrarlas. Lo que sí podemos hacer es relacionarnos con los demás con amor, respeto y aceptación.

Rodéate de cosas que te encanten. Hay algunos lugares en donde venden pósters de fotografías de la naturaleza y de reflexiones muy profundas y hermosas; te sugiero que compres alguno que guste y tenga mucho significado para ti. Te aseguro que siempre que lo veas te va a inspirar.

Me han preguntado: "Betty, ¿negar que el sufrimiento existe es lo correcto?" No, porque existe; como la pobreza, las guerras, el hambre y la intolerancia hacia ciertas razas y religiones. Lo que sí podemos hacer es rechazarlo diciendo: "Lo rechazo, lo anulo y lo repelo para mí y para toda la humanidad". Con esto le estamos restando poder; además recordemos que tenemos la capacidad que Dios nos da para polarizar todo por medio de la bendición y de crear por medio del pensamiento y la palabra y así cumplimos con una de nuestras misiones que es bendecir. No necesitamos ir a ningún lado, ya que desde donde estamos podemos hacerlo. Por ejemplo, puedes decir:

En el nombre de Dios, pido que la prosperidad se haga ahora en toda la humanidad y millones de veces bendita sea. Amén.

En el nombre de Dios, solicito que el amor, la paz, la armonía, la tolerancia y la paciencia se haga en todo ser de la creación y así sea. Amén.

En el nombre de Dios, pido que se creen un millón de empleos para el bendito pueblo de México. Amén.

En el nombre de Dios, bendigo todos los alimentos que hay en este planeta Tierra y solicito que su multiplicación para que lleguen a toda la humanidad. Amén.

Quizá pienses: "Pero yo solo no tengo el poder suficiente para cambiar todo". Definitivamente tienes razón, pero aunque fuera una sola persona la beneficiada, ya lograste mejorar su vida.

Repite: "Ahora la luz y la sabiduría del Padre se hacen en mí. Amén".

¿Me voy a quedar solo?

Cuando ya hemos empezado a hacer cambios en nuestra vida, vemos muchas cosas que siempre han estado ahí, pero que no las habíamos notado. Por ejemplo: lo fácil que es caer en la crítica; lo negativas que son algunas de las personas que conocemos, siempre culpando a los demás de lo que les pasa, sintiéndose agredidas por todo, quejándose, etcétera (como actuábamos nosotros antes), y que cuando tratamos de compartirles algo de lo que ya estamos aplicando en nuestra vida y nos ha dado muy buenos resultados, pues somos más felices, en ciertas ocasiones nos ven como animales raros o llegan a decir: "¿Cómo crees en esas cosas?" o "Pero sigues siendo católica, ¿verdad?"

Por otra parte, algunas personas me han comentado que ya no se sienten cómodas con sus amistades de siempre. Me preguntan que si se van a quedar solas. La respuesta es: "Si no te sientes apoyado en tu nueva forma de vida, si no te comprenden e insisten en que tú veas la vida como ellos la ven, si en vez de que te estimulen hasta se burlan, ¿qué objeto tiene seguir ahí?"

Éste es un camino muy recorrido por todos los que nos encontramos en el sendero del cambio. Te recuerdo que nos relacionamos con los demás en función de las energías que cada uno de nosotros emana. Te voy a poner un ejemplo: si a ti te gusta la jardinería, el futbol, conversar de temas espirituales, criticar, tomarte una copita de vez en cuando, *ponerte hasta atrás*, es probable que a tus amistades también.

Hay ocasiones en que ignoramos un poco cómo somos. Observa cómo son las personas con las que te sientes bien; seguramente se parecen mucho a ti. Un alumno me decía: "¿A poco me parezco al borrachales de fulano?" Yo le respondía: "Si es una persona que frecuentas mucho, ni lo dudes". Lo que pasa es que en los demás notamos lo que tenemos, pero magnificado.

Las personas que tienen una sintonía diferente a la nuestra, encontrarán otras como ellas. A ti te garantizo que llegarán a tu vida personas como tú, que estén cambiando y mejorando la dirección de su vida y que te van a estimular para seguir creciendo, por lo que te aseguro que no te vas a quedar solo.

Imagina que tienes 15 años y que tus amigos también, pero empezaste a crecer interiormente y tu manera de ver la vida ha cambiado de forma notable; ahora ya no te sentirás a gusto con tus amigos que no han crecido y siguen teniendo las mismas conductas y problemas de antes.

Cuando contamos con el apoyo de personas que van más adelantadas en el camino que nosotros, nos vamos a sentir más motivados e inspirados y su ejemplo nos va a arrastrar.

A continuación te comparto el poema Desiderata de Max Ehrmann (1927):

Camina plácido entre el ruido y la prisa
y piensa en la paz que se puede encontrar en el silencio.

En cuanto te sea posible y sin rendirte,
mantén buenas relaciones con todas las personas

Enuncia tu verdad de una manera serena y clara,
y escucha a los demás,
incluso al torpe e ignorante,
también ellos tienen su propia historia.
Evita a las personas ruidosas y agresivas,
ya que son un fastidio para el espíritu.

Si te comparas con los demás,
te volverás vano y amargado,
pues siempre habrá personas
más grandes y más pequeñas que tú.
Disfruta de tus éxitos, lo mismo que de tus planes.
Mantén el interés en tu propia carrera,
por humilde que sea,
ella es un verdadero tesoro
en el fortuito cambiar de los tiempos.

Sé cauto en tus negocios,
pues el mundo está lleno de engaños,
pero no dejes que esto te vuelva ciego
para la virtud que existe.
Hay muchas personas que se esfuerzan
por alcanzar nobles ideales.
La vida está llena de heroísmo.
Sé tú mismo
y en especial no finjas el afecto
y no seas cínico en el amor,
pues en medio de todas las arideces y desengaños
es perenne como la hierba.

Acata dócilmente el consejo de los años,
abandonando con donaire las cosas de la juventud.
Cultiva la firmeza del espíritu
para que te proteja de las adversidades repentinas,
mas no te agotes con pensamientos oscuros.
Muchos temores nacen de la fatiga y la soledad.

Sobre una sana disciplina,
sé benigno contigo mismo.
Tú eres una criatura del universo,
no menos que los árboles y las estrellas.
Tienes derecho a existir,
y sea que te resulte claro o no,
indudablemente el universo marcha como debiera.

Por eso debes estar en paz con Dios,
cualquiera que sea tu idea de Él,
y sean cualesquiera tus trabajos y aspiraciones.
Conserva la paz con tu alma
en la bulliciosa confusión de la vida.

Aún con todas sus farsas, penalidades y sueños fallidos,
el mundo es todavía hermoso.
Sé alegre.
Esfuérzate por ser feliz.

Repite: "Ahora la luz y la sabiduría del Padre
se hacen en mí. Amén".

La bendita fe

Desde el mismo instante en que Dios nos crea, nos regala todo lo que es de Él; por tanto, el hecho de pensar: "No tengo" y "No puedo" debemos desterrarlo de nuestra mente para erradicar el miedo de nuestra vida, pues es fruto de la ilusión de encontrarnos separados de Dios.

Cuando sabemos que somos extensiones de Dios, la fe brilla triunfante, pues reconocemos que heredamos de Él su poder de crear.

La bendita fe aumenta la confianza en nosotros mismos, y la gran fuerza interna de energía que generamos nos conduce a manifestar la creación de un mundo amoroso, maravilloso y abundante que merecemos como extensiones de Dios.

Cuando te asalte una duda de cualquier tipo, recuerda y di en voz alta: "Yo soy un ser divino, hecho a imagen y semejanza de Dios, y merezco aquí y ahora lo mejor de lo mejor".

Nuestra mente es muy poderosa y mágica; su poder se encuentra en nuestra capacidad de amar y de aceptarnos tal como somos, así como en la fe y las visualizaciones.

Nuestros pensamientos son como una varita mágica que va a materializar aquello en lo que ponemos nuestra atención, por lo que hay que ser muy cuidadosos y observar hacia dónde dirigimos nuestra varita mágica (pensamientos y palabras).

> Repite: "Ahora la luz y la sabiduría del Padre se hacen en mí. Amén".

¿Qué es la fe?

Kwan Yin, diosa budista de la misericordia, dijo:

Estas palabras van dirigidas a los que sufren, a los que se perciben solos, a aquéllos que luchan y se sienten desmayar a mitad del camino, a aquéllos temerosos, a los que no se consideran dignos de ser escuchados, a aquéllos que se imaginan alejados de Dios, a los que padecen pensando que sus pecados son tan grandes que eternamente sufrirán la condena sin ninguna esperanza, y también a aquéllos que no creen más que en ellos mismos, pero muy en lo interno saben que eso es tan sólo una postura psicológica.

A todos ustedes les digo que Dios está con ustedes, que no importa en dónde se encuentren, porque si entre toda la arena del desierto un pequeño polvo clamara a Dios pidiéndole ayuda, ese polvo sería levantado inmediatamente y bendecido en toda su gloria.

Si una hoja de entre millares que existen en la selva levantara su voz pidiendo a Dios, esa hoja sería escuchada y bendecida por voluntad de Él.

Si una sola célula de entre todo un cuerpo pidiera ser atendida en su sufrimiento, esa célula sería encontrada y consolada de inmediato por los misterios divinos, porque Dios es la fuerza que conecta a todas las criaturas a una fuente infinita de poder y no existe nada que pueda decirse separado de ese poder inconmensurable que es Él.

Podrían desatarse tormentas, y entre relámpagos y truenos verse perdida de pronto una criatura del Señor, pero bastaría con que murmurara el nombre de Él para que la tormenta hiciera espacio de calma alrededor de ese ser que ha orado con fe.

Podría tronarse la Tierra, derrumbarse los muros, caer edificios enteros y, entre llamaradas de incendios y explosiones, la fe de los justos los llevaría a salvo entre toda esa confusión.

Donde hay fe, no hay temor; donde hay fe está la fuerza y el poder divino trabajando alrededor. Porque ésta es la fuerza que conecta al ser con todo su poder interior; es la puerta que da paso a la divina presencia en el hombre.

De pronto podría verse a alguien envuelto totalmente entre nieblas, agobiado por los horrores de los vicios o por el peso de lo que considera pecado, sumido por completo en la más espantosa degradación humana, pero mientras su corazón sienta y su mente pueda murmurar para llamar a Dios, esa fuerza lo levantaría de entre los escombros de su vida para situarlo en el más alto pedestal de la dignidad humana. Porque no hay hombre más digno de vivir que aquél que es movido por la fe en Dios.

Qué importa todo lo que haya ocurrido antes, qué importa la calidad moral de un pasado si de pronto nuestra puerta se abre para dar paso a la presencia de Dios. La fe es un bálsamo bendito que libera de sufrimientos a la persona que la profesa; es la cura milagrosa para los dolores del pasado, porque pone una venda en el ayer y abre los ojos a un porvenir glorioso.

Dios es la presencia omnipotente y permanente en todo ser y el único capaz de accionar esa energía, porque la fe no viene de afuera. Podrían escuchar mil discursos llenos de amor, asistir a mil iglesias en donde se hable del Señor y clamar mil voces por ayuda para despertar esa fe, pero, al final, siempre cada quien debe hacerlo solo.

Esa fe nace del corazón, de ese encuentro solitario e íntimo que el ser experimenta cuando, cerrando sus ojos y apretando sus manos contra el pecho, reconoce que su vida puede y debe mejorar y que su existencia se debe a un magnífico poder que mueve los mundos y dirige la evolución de todas las criaturas. Nace también de reconocerse fruto, hijo bendito de una manifestación incomprendida, inconmensurable y omnipresente.

Ésa es la fe que mueve montañas; las montañas de iniquidad, de dolores, de recuerdos, de rencores.

Esa fe nos permite dejar en paz a todos aquéllos que nos han lastimado. Nos abre los ojos hacia el futuro prometedor y nos quita las manos de nuestro propio cuerpo para llevarlas hacia una vida creativa y útil. Elimina los sentimientos de autoconmiseración para convertirlos en una eterna alabanza a ese Rey de Reyes.

Ésa es la fe que mueve la vida de aquéllos que escriben la historia, la que impulsa al marino a hacerse al mar, la que motiva a los alpinistas a escalar las más altas cumbres y la que dirige a los cirujanos en las más delicadas operaciones.

Esa fe hace reír a los humildes aun sin tener nada que comer; brilla en los ojos de los niños incluso sumidos en la miseria; la reflejan los padres cuando ven en su cuna al recién nacido; la siente la madre cuando, poniendo la mano sobre su vientre, recita dulces palabras a ese fruto de su amor que se encuentra en gestación.

Ésa es la fe que hace madurar los frutos en los árboles de la naturaleza, la que mueve los ríos en su camino al mar, la que vibra en los corazones humanos cada vez que es Navidad, la que inspira, la que mueve, la que motiva, la que despierta, la que agiganta.

Ésa es la fe que llevó a Cristo a la resurrección, la que ha guiado a los hombres desde el inicio de los tiempos y la misma que los llevará a todos ustedes de retorno al Padre.

Éstas son mis palabras y con ellas dejo mi bendición entre ustedes. Que así sea.

Hace tiempo llegó a tomar uno de mis cursos una señora muy linda llamada Mague. Ella me comentó que antes de venir conmigo, uno de sus ángeles ya le había anticipado que me iba a conocer y que físicamente me había detallado a la perfección. Iniciamos el curso esa mañana; sonó el timbre, abrí, pero no había nadie. Ocurrió de nuevo... El timbre estuvo sonando más o menos cada 15 minutos, pero no había ninguna persona afuera, por lo que ya no abrí, pero el timbre no dejó de sonar durante las dos horas y media que duró la clase de meditación. Mague y yo dijimos que quizás eran los ángeles. Terminó la clase, se fueron todos y el timbre dejó de sonar.

En la siguiente clase ella me obsequió como prendedor un ángel gordito con una túnica larga que tenía en una de sus manos una varita mágica con una estrella en la punta. Me dijo: "Mira, así es como yo te veo. Tengo muchos prendedores de ángeles, pero éste es diferente por la varita mágica"...

Les voy a compartir esta bendita y hermosa invocación de Kwan Yin para que la repitan siempre que puedan. Es tan poderosa que seguramente los hará suspirar profundamente:

Yo soy la luz del mundo; soy un ser que ha venido de la luz, vive en la luz y crea la luz.

A donde quiera que voy soy las manos de Dios trabajando en la Tierra y estoy inspirado por la voluntad divina.

Soy parte de una cadena de amor y de buena voluntad que se extiende por todos los rincones del planeta.

Ahora soy un emisor de todas las energías del Padre, que estoy recibiendo para multiplicarlas donde quiera que vaya y para hacerlas llegar a los lugares más inusitados.

Yo soy la palabra que sana, las manos que ayudan, los pies que dirigen y la mirada que salva.

Ahora soy la luz del mundo, el aniquilador de la oscuridad y la confusión, el guerrero de la luz, el que alumbra sin dar sombra y la roca firme en donde se apoyan las embarcaciones de la vida.

Yo soy la sonrisa que alienta, el brazo que consuela y una extensión de Dios en la Tierra.

Repite: "Ahora la luz y la sabiduría del Padre se hacen en mí. Amén".

Los hábitos

Respirar es tan natural que no nos damos cuenta de las veces que lo hacemos al día. Pensar es igual; cuando lo hacemos de forma negativa nos lastima emocional y físicamente, y cuando no estamos entrenados para observar lo que pensamos ni siquiera notamos en qué momento pasamos de un estado mental de paz y armonía a la angustia, el miedo, la culpa o cualquier emoción perjudicial.

¿Qué pensamientos se consideran negativos? Todos los que nos hagan perder nuestra paz. Los pensamientos neutros no existen.

El hábito puede llegar a ser
el mejor de los sirvientes
o el peor de los amos.
Nathanael Emmons

Repite: "Ahora la luz y la sabiduría del Padre se hacen en mí. Amén".

¿Tengo que sustituir los pensamientos negativos?

No debemos permitir que los pensamientos negativos crezcan; sin embargo, si los ignoramos, llegarán a ahogar nuestras buenas intenciones. Por otra parte, como en el universo el vacío no existe, cuando nos deshacemos de un hábito perjudicial hay que sustituirlo por otro.

Te voy a compartir cómo lo manejo yo. Cuando me doy cuenta de que tengo un pensamiento negativo sobre el dinero, inmediatamente lo anulo diciendo así: "Lo cancelo, lo rechazo y lo repelo, pues yo sé que mis finanzas se encuentran siempre en perfecto orden divino". Si el pensamiento es sobre alguna relación, repito la cancelación y agrego: "Mi relación con tal persona es de amor, respeto, paciencia y tolerancia". Después de la negación de lo que no quieres, afirma lo contrario y te vas a sorprender de los efectos positivos que habrán en tu vida. Tendrás lapsos de invaluable paz más prolongados. ¿Y qué fue lo que hiciste?, que ahora tienes el control de lo que piensas.

Si no estás pensando mal, no hay manera de que te sientas mal

Como ya lo sabemos, esto no se da de la noche a la mañana, así que no te vayas a sentir desilusionado pues es un trabajo de tiempo completo y no pasa nada si eventualmente notas que aparecen por ahí algunos pensamientos negativos que te limiten. Te recuerdo que estamos aprendiendo a vivir.

La mayoría de nosotros no sabemos lo que queremos y los pocos que sí lo saben lo quieren ya, ahora. Tenemos que aprender a no sabotear nuestros proyectos por falta de paciencia. San Agustín dijo: "La paciencia es la compañera de la sabiduría". Hay personas que pierden la paciencia cuando están a punto de alcanzar sus metas y olvidan sus objetivos. Debemos recordar que sólo el trabajo constante, disciplinado y paciente nos dará los frutos que esperamos; si no, nos impacientaremos cuando no hagamos todo bien al mismo tiempo. Tenemos que empezar a hacer ajustes poco a poco. Las recetas fáciles no existen ni funcionan, si deseamos hacer cambios duraderos, necesitamos tiempo; disciplina, voluntad y paciencia.

Una alumna atravesó por una depresión y comentó en cierta ocasión que ya ni siquiera recordaba cómo era sentirse bien. Cuando nuestro estado de ánimo es bueno nos sentimos felices, todo se nos hace fácil, no hay preocupaciones y nuestro sentido común se agudiza, por lo que tomamos buenas decisiones y además experimentamos mucha gratitud por todo. Por experiencia sé que el amor y la gratitud van de la mano.

En mi libro *¿Quién soy?* les comparto que soy adicta a las bendiciones. La mesa donde escribo está frente a un gran ventanal de piso a techo que da al jardín interior de mi casa. Éste es hermoso. Tengo una gran variedad de flores de color rosa, que van desde el rosa pastel al fucsia y, como lo fertilizo cada mes, las rosas siempre están floreando, por lo que lo bendigo cada día. Le doy gracias al Padre por permitirme, mientras escribo, deleitarme con la vista de mi jardín. También bendigo a mi cuerpo y le doy gracias por las funciones que me da, en especial a mis ojos que me permiten admirar tanta belleza.

Cuando nuestro estado de ánimo está bajo, la vida nos parece difícil; nos sentimos frustrados, cansados, impotentes y negativos, por lo que hay que aprender a detectarlo para impedir mantenernos ahí.

> Aferrarse a las aflicciones
> es tomar la decisión de sufrir.
>
> Gerard Jampolsky

Las depresiones son la suma de estados de ánimo bajos, así como la causa de algunas enfermedades como colitis, insomnio, ansiedad, entumecimiento de pies o manos, dolores de cabeza y taquicardias, que se sostienen durante mucho tiempo.

Por un lado, y debido a la ensoñación en la que estamos inmersos, vemos todo distorsionado; si a esto le aumentamos estados de ánimo negativos, ¿qué tenemos entonces? Una visión totalmente deformada de nuestra vida.

Imagínate que estás en tu casa viendo a través de una ventana cómo está cayendo una tormenta y el agua corre como cascada por tu ventana, lo cual te impide ver con claridad lo que hay afuera (suponiendo que no sabes lo que hay afuera). Por más esfuerzos que hagas, es tanta el agua que se desliza por tu ventana que no logras ver nada claro. Si tu ventana diera a un jardín muy hermoso y cuidado, con una gran cantidad de árboles, plantas y flores, pero a través del agua sólo percibieras algunos manchones de diferentes colores, además no pudieras definir los colores ni la variedad de plantas que hay, cuando cesara la tormenta te darías cuenta de que hay rosas, geranios, estrellas de Belén, plumas de santa Teresa, dalias, buganvilias, etcétera. También verías con claridad que hay algunos árboles, que la barda que protege el jardín está cubierta por una hermosa enredadera muy verde y el piso está alfombrado por un bonito y bien cuidado pasto. ¿Te das cuenta con este ejemplo de cómo la lluvia te impidió ver con claridad lo que había afuera? *Como es arriba es abajo. Como es adentro es afuera.*

Una alumna había atravesado por muchas situaciones difíciles, incluyendo el fallecimiento de dos seres muy queridos, problemas de salud y económicos. Ella es muy bonita y sociable; sin embargo, recibía la visita de alguna vecina o amistad sólo de forma eventual. Por otra parte, se vio obligada a dejar la casa que rentaba porque el aumento que le pedía la dueña de ésta era muy elevado para sus posibilidades.

Había estado muy preocupada y desesperada porque la fecha que le había dado la casera para desocupar la casa se acercaba y no encontraba alguna que le gustara o, como ella decía, no hallaba *nada decente*. Todas las veces que hablamos por teléfono y ella estaba muy angustiada, yo siempre la animaba: "Te aseguro que vas a encontrar lo que quieres, no te desesperes". Hice junto con ella muchas afirmaciones para encontrar la casa perfecta y así fue.

Encontró una del precio que podía pagar; es una hermosa casa llena de luz, pues hay unos ventanales hermosos; además es muchísimo más amplia que la que tenía, por lo que está feliz.

Me comentó que ya la habían visitado varios de sus vecinos, que ahora la buscaban más sus amigas y que todo se debía a que la casa nueva estaba hermosa y ella se sentía feliz. Le expliqué que la casa no tenía nada que ver con los cambios que ella había hecho en su vida, que la que cambió fue ella, por eso atrajo lo que le gusta, pero, como muchas personas, insiste en que es la casa, no ella, la que está propiciando todo. No siempre nos gusta aceptar que somos cien por ciento responsables de lo que hay en nuestra vida.

Nunca es lo que pasa afuera, las circunstancias, los eventos o las personas, lo que nos hace sufrir, sino nosotros mismos de acuerdo con las decisiones que tomamos. ¡Qué alivio! Si todo depende de mí, manos a la obra. Si somos nosotros los que pensamos, obviamente somos responsables de cambiar nuestra manera de hacerlo.

Pensar negativamente es un hábito que, para mal nuestro, hemos reforzado durante muchos años; sin embargo, no está grabado en piedra ni lo traemos en los genes. Aprendimos de una manera muy inocente a pensar de manera perjudicial. Jamás nos proponemos dañarnos a nosotros mismos, por lo que, si queremos, podemos aprender a tener pensamientos positivos.

Prográmate para disfrutar cada momento de tu presente y para agradecerle al Padre todo lo que tienes ahora.

> Repite: "Ahora la luz y la sabiduría del Padre
> se hacen en mí. Amén".

¿Puede haber temor sano?

Hace algún tiempo llamó a mi puerta un señor que venía con un niño como de siete años; era mediodía y hacía mucho calor, quizás estaríamos a 38°C o 40°C. Me comentó cuál era su religión y que me traía la buena nueva; le dije que admiraba y respetaba lo que hacía, pues imaginé que habría casas en donde ni les abrían la puerta; me contestó que no sólo eso, sino que hasta los corrían con groserías y agregó que quería salvarnos a todos del diablo y del infierno; le pedí que tuviera mucho cuidado con lo que decía, pues su hijo estaba escuchando todo y no era sano que lo atemorizara con eso. Él contestó: "Hay temor sano". Yo pensé: "¿En dónde dice eso?" Y cortésmente le repetí: "El temor nunca puede ser sano para nadie; una persona nunca va a ser feliz viviendo con miedos". Y como él seguía insistiendo en lo mismo, le dije que me disculpara porque iba a salir y me faltaban por hacer algunas cosas. Ya aprendí que siempre que tocan la puerta y me dicen que me traen la buena nueva, debo decirles que me disculpen porque estoy ocupada.

¿Se imaginan la vida que tendríamos si pensáramos que el temor es sano? Cuando se piensa así, le tenemos miedo a Dios y por ello no nos acercamos a Él.

Entre tanta barbaridad que escucho, dos comentarios han llamado mi atención sobremanera: una vez una persona me dijo que padecía migrañas constantes y que siempre le ofrecía su dolor a Dios. ¿En dónde dice que a Dios le agrada que suframos? Otra, que tenía miedo de que en el final de los tiempos, cuando los ángeles vinieran tocando sus trompetas, la batalla la ganara el diablo y no Dios... Sin duda alguna, estas personas no son culpables porque son fruto de una programación que traen desde niñas, y como algunos de los dirigentes de sus iglesias les dicen que todo es dogma de fe y si lo cuestionan, están siendo manejados por el maligno, entonces han aprendido a vivir eternamente con temores. Cuando ya sabemos a dónde nos conducen los miedos, lo menos que podemos hacer es pedirle al Padre que nos inunde con su luz y sabiduría para tomar decisiones sabias en nuestra vida y llevarlas a cabo.

En otro capítulo les comenté que uno de los peores daños que se le puede hacer al ser humano es ahogar sus dudas, sus inquietudes y sus incertidumbres, ya que así por medio del miedo es muy fácil manejarlos. A mí me dice mi sentido común que si Dios es amor infinito, sabio y creador de todo el universo, ¿cómo va a ser posible que cree a alguien que tenga su misma estatura espiritual y poder, pero sea malo?

Creo que puede haber maldad por ausencia de amor, ignorancia, conciencia dormida y poca evolución espiritual. Las personas que calificamos de malas, en realidad no quieren dañar a alguien: lo hacen porque se sienten amenazadas. Por ejemplo: si a una persona le gusta tener el control de todo y se da cuenta de que alguien se le quiere *salir del corral*, como dice el indito, elimina su miedo haciéndole daño al otro para protegerse, no porque quiera lastimarlo.

Ahora tenemos la oportunidad de ser diferentes y vamos a hacerlo. ¿Queremos ser felices vivir en paz y sin miedos y dejar de hacerlo *a salto de mata*?, Éste es el momento. Nuestra autoestima se fortalece cuando hacemos cambios, nos disciplinamos, nos sentimos competentes y recordamos que el amor propio es el motor que nos impulsa para saber que somos dignos y valiosos ante los ojos de Dios, así que manos a la obra.

> Repite: "Ahora la luz y la sabiduría del Padre se hacen en mí. Amén".

Maestros del miedo

Nos hemos convertido en maestros del miedo y del rechazo a nosotros mismos. ¿Qué podemos hacer ahora? Analizar cuáles son nuestros miedos, detectar por qué nos afectan tanto, qué áreas de nuestra vida debemos fortalecer y, sin lugar a dudas, hacer frente a lo que se presente sin permitir que nuestra mente desbocada imagine cosas que están en el futuro.

Transformemos la pesadilla del miedo en un hermoso sueño de amor, paz y bendiciones.

Te sugiero que ahora mismo hagas tres respiraciones muy profundas, abras tus brazos y digas en voz alta: "Ahora le doy la bienvenida a mi nueva forma de vida; llena de amor, sabiduría, creatividad, paz, intuición, fe, prosperidad, realización y salud perfecta. Amén". Memoriza esta oración para que la repitas siempre que lo desees.

Redacta tus afirmaciones con lo que quieras, no sólo para ti sino también para ayudar a los demás.

Cumplamos con una de nuestras misiones más sagradas, que es la de compartir nuestro amor con todo el universo.

> Repite: "Ahora la luz y la sabiduría del Padre
> se hacen en mí. Amén".

Epílogo

No siempre logro evitar juzgar y culpar a los demás y moverme sólo en el amor, pero continúo intentándolo. No siempre experimento la felicidad independientemente de lo que pasa fuera de mí, pero la vivo con más frecuencia, por lo que cada vez le permito más a mis alas extenderse para que resplandezcan y me lleven a descubrir el vasto universo que hay dentro de mí, donde el amor, la paz y la felicidad ya existen, sólo tengo que encontrarlos.

Te sugiero que leas varias veces este libro, pues por experiencia sé que siempre que lo hagas te aportará algo nuevo.

Mil gracias, bendito y amado compañero de viaje, por permitirme compartir contigo algunas cosas que he aprendido en mi caminar por esta escuela llamada vida, y en el nombre de Dios te bendigo millones de veces.

Con profundo amor,
Bertha Weatherston de Sampér

terminó de imprimirse en 2020
en Litográfica Ingramex, S. A. de C. V.
Centeno 162-1, colonia Granjas Esmeralda,
alcaldía Iztapalapa, 09810, Ciudad de México.